De leitura fácil e agradáe Ortlund, fundamenta nos~~~ ~~~~~~~~~~~~ ~~~~~ ~~~~~-go do cristianismo: nosso Senhor Jesus Cristo. Em geral, pensamos que, ao crescermos na vida cristã, avançamos para "coisas mais elevadas" (o que quer que isso signifique), quando, na verdade, temos de aprender apenas a beleza e a profundidade de Jesus e de tudo que ele fez por nós. Isso é o que Ortlund nos ajuda a fazer aqui. Este livro será uma bênção para você!

Paul E. Miller, autor de *A praying life* e *J-Curve: dying and rising with Jesus in everyday life*

O anseio por mais em sua alma é parte do processo de crescimento — um dom de fome e sede que Jesus, a fonte inesgotável, satisfará. Neste livro, Dane Ortlund nos lembra que esse anseio é atendido não por uma mudança de comportamento ou por alguma solução imediata, mas pela beleza da amizade com Jesus e pela paz que é mais profundamente aceita em nossas almas. Se você está com fome e sede de mais vida, mais alegria, mais paz e mais Jesus, este é o livro ideal para você!

Matt Chandler, pastor titular da The Village Church, Dallas, Texas; autor de *Evangelho explícito*

Jesus disse que nossa maior "obra" é crer. Como outros autores vivos, Dane Ortlund me ajudou a voltar a crer, na medida em que me familiarizou de novo com a impressionante ternura e beleza de Jesus. Enquanto leio suas palavras, sou capaz de sentir meu coração crescer em confiança, devoção e afeições piedosas, com suporte no amor do Salvador por mim. Neste livro incrivelmente pastoral e abençoador, Dane desenvolve os desdobramentos dessa visão de Jesus para o crescimento pessoal, mostrando-nos que a chave para avançar com Jesus é aprofundar-se em sua obra consumada.

J. D. Greear, pastor titular da The Summit Church, Raleigh-Durham, Carolina do Norte

Após imergir na sabedoria, na beleza e no encorajamento do novo livro de Dane Ortlund, compreendo perfeitamente a razão pela qual ele escolheu *Santificação profunda* como título. De que forma Deus nos transforma como seus filhos e filhas amados? Pense menos em subir uma montanha e mais em nadar no oceano profundo do "sempre mais de Jesus". Se você já se perguntou o que a Bíblia quer realmente dizer ao nos exortar a olhar "firmemente para Jesus, o autor e consumador" de nossa fé, este deve ser o próximo livro ao qual você dedicará seu tempo. Dane nos ajuda a compreender que o Evangelho diz mais respeito a uma pessoa que devemos adorar e conhecer do que a proposições e categorias nas quais temos de ser *experts*.

Scotty Smith, pastor emérito da Christ Community Church, Franklin, Tennessee; professor auxiliar da West End Community Church, Nashville, Tennessee

SANTIFICAÇÃO PROFUNDA

DANE C. ORTLUND

Dados Internacionais de Catalogação na Publicação (CIP)
(eDOC BRASIL, Belo Horizonte/MG)

O77s   Ortlund, Dane Calvin.
     Santificação profunda / Dane C. Ortlund; tradutor Francisco Wellington Ferreira. – São José dos Campos, SP: Fiel, 2022.
     200 p. : 14 x 21 cm

     Título original: Deeper: real change for real sinners
     ISBN 978-65-5723-235-4

     1. Santificação – Cristianismo. 2. Crescimento espiritual. 3. Vida cristã. I. Ferreira, Francisco Wellington. II. Título.
     CDD 234.8

Elaborado por Maurício Amormino Júnior – CRB6/2422

SANTIFICAÇÃO PROFUNDA

Traduzido do original em inglês
Deeper: real change for real sinners

Copyright © 2021 por Crossway.
Todos os direitos reservados.

■

Originalmente publicado em inglês por
Crossway,
Wheaton, Illinois.

Copyright © 2022 Editora Fiel
Primeira edição em português: 2022

Todos os direitos em língua portuguesa reservados por Editora Fiel da Missão Evangélica Literária

Proibida a reprodução deste livro por quaisquer meios sem a permissão escrita dos editores, salvo em breves citações, com indicação da fonte.

Os textos das referências bíblicas foram extraídos da Versão Almeida Revista e Atualizada, 2ª ed. (Sociedade Bíblica do Brasil), salvo indicação específica.

■

Diretor: Tiago J. Santos Filho
Editor-chefe: Vinicius Musselman Pimentel
Coordenador Gráfico: Gisele Lemes
Editor: André Soares
Tradutor: Francisco Wellington Ferreira
Revisor: Shirley Lima
Diagramador: Rubner Durais
Capista: Rubner Durais
ISBN brochura: 978-65-5723-235-4
ISBN e-book: 978-65-5723-236-1

Caixa Postal 1601
CEP: 12230-971
São José dos Campos, SP
PABX: (12) 3919-9999
www.editorafiel.com.br

Dedicado afetuosamente aos membros do
corpo docente do Covenant Theological Seminary,
2002–2006,
que me ensinaram sobre mudança genuína à luz da Bíblia
e, depois, me mostraram isso com suas próprias vidas

— Aslam, como você está grande!
— É porque você está mais crescida, meu bem.
— E você, não?
— Eu, não. Mas, à medida que você for crescendo, eu parecerei maior a seus olhos.[1]

---

1 C. S. LEWIS, *As crônicas de Nárnia*, vol. 4, *Príncipe Caspian*, trad. Paulo Mendes Campos. 5. ed. São Paulo: WMF Martins Fontes, 2017, p. 136-38.

Sumário

Agradecimentos 11
Introdução 13

1 Jesus 19
2 Desespero 39
3 União 55
4 Amor 75
5 Absolvição 93
6 Honestidade 123
7 Dor 141
8 Respiração 163
9 Sobrenaturalizado 181

Conclusão: *E agora?* 195

Agradecimentos

Obrigado, Mike Reeves, por me convidar para contribuir com este livro da série Union. Essa parceria e a amizade correspondentes são preciosas para mim.

Obrigado, Davy Chu, Drew Hunter e Wade Urig, irmãos pastores a quem tanto admiro, por lerem e aprimorarem o manuscrito. Eu os amo.

Obrigado, querida Stacey, por insistir em que eu continue escrevendo e por me encorajar ao longo desse caminho. Tenho muito carinho por você.

Obrigado, Crossway, por seu cuidado neste projeto, do começo ao fim.

Obrigado, Thom Notaro, por sua maravilhosa parceria neste projeto, na qualidade de editor.

Dedico este livro a meus professores do seminário. Em agosto de 2002, quando cheguei ao *campus* do Covenant Theological Seminary, em Saint Louis, mal conseguia acreditar no que estava vendo: homens de Deus cuja instrução, erudição e compromisso com as doutrinas da graça *os levaram a se aprofundar ainda mais em humildade e amor*. Eu poderia ter aprendido grego em qualquer outro lugar, mas só poderia aprender a beleza dos relacionamentos, fomentada pela teologia reformada, no Covenant Seminary, sob a orientação do corpo docente que ali se encontrava na época. Eles me proporcionaram o fundamento teológico necessário para entender de que forma posso crescer em Cristo. Porém, na época, de forma ainda mais maravilhosa, eles me ofereceram retratos vivos daquilo que floresce nesse crescimento. Neste mundo de Mordor, encontrei a mim mesmo no Condado. Quanta misericórdia de Deus por me enviar para lá! Eu precisava disso. E ainda preciso. Obrigado, queridos pais e irmãos.

Introdução

Como os cristãos crescem?

Essa pergunta desperta, de imediato, sentimentos distintos em nós. Alguns de nós se sentem culpados. Afinal, não estamos crescendo e sabemos bem disso. E a culpa se autoperpetua, paralisando-nos em uma espécie de estagnação espiritual.

Para outros de nós, irrompem anseios. Desejamos intensamente crescer mais do que temos crescido.

Alguns, se forem honestos, tornam-se arrogantes quando surge a pergunta sobre crescimento espiritual. Afinal, todos acreditamos que, de fato, estamos indo bem, embora essa autoavaliação seja amplamente moldada por nossa comparação com outras pessoas e constitua um entendimento superficial do que realmente nos motiva na vida cristã.

Para outros de nós, a pergunta suscita um cinismo reprovável. Estamos tentando crescer — ou, pelo menos, parece que estamos. Tentamos essa ou aquela estratégia, lemos um ou outro livro, fomos a uma ou outra conferência. Porém, no fim de tudo, ainda nos sentimos como se estivéssemos na mesma situação, incapazes de conseguir um impulso verdadeiro em nosso crescimento na graça.

Nenhum de nós questiona a necessidade de crescer. Vemos isso claramente na Bíblia: "[...] crescei na graça e no conhecimento de nosso Senhor e Salvador Jesus Cristo" (2Pe 3.18); "[...] cresçamos em tudo" (Ef 4.15). No entanto, não é apenas na Bíblia que vemos essa necessidade de crescimento, mas também em nosso coração. O doloroso exercício do autoexame honesto nos surpreende. Descobrimos que boa parte de nossa vida e da forma como abençoamos o mundo à nossa volta procedem, de uma forma bastante sutil, da fonte do ego. O dom é dado, o serviço é prestado e o sacrifício é feito não por causa dos generosos motivos que apresentamos aos outros, a Deus e até a nós mesmos, mas tão somente por propósitos egoístas — e só estamos levando em consideração o que os outros veem. E o que podemos dizer do horror de nossas vidas quando ninguém está olhando? Como matamos os pecados que cometemos na escuridão?

A pergunta, então, não é *se* precisamos crescer, mas como podemos crescer. Para todos os que nasceram de novo, em algum ponto entre essas reações distintas, sempre haverá uma semente de desejo sincero por crescimento.

Como isso acontece?

O argumento básico deste livro é que mudar é uma questão de se aprofundar. Alguns crentes imaginam que a mudança decorre de um aprimoramento exterior — comportar-se cada vez mais de acordo com alguma norma moral (a lei bíblica, os mandamentos de Jesus, a consciência, ou o que quer que seja). Outros pensam que a mudança decorre, basicamente, de um acréscimo em nível intelectual — por exemplo, entender a doutrina de forma mais ampla ou com maior exatidão. Outros pensam que o crescimento vem principalmente das experiências vivenciadas — com o aumento sensorial quando adoramos a Deus.

Meu argumento é que esses três elementos estão inclusos em um desenvolvimento cristão saudável (e, se não temos um deles, estamos fora de proporção e não cresceremos). No entanto, o verdadeiro crescimento cristão transcende todos esses elementos. Crescer em Cristo não se limita a aprimorar-se, acrescentar ou experimentar. Envolve *aprofundar-se*. Implícito na noção de aprofundar-se, está o fato de que você já tem aquilo de que precisa. O crescimento cristão consiste em harmonizar o que você faz, diz e até mesmo sente com o que, de fato, você já é.

Foi mais ou menos assim que Henry Scougal delineou a vida cristã em seu livro intitulado *The life of God in the soul of man*.[1] Scougal era professor de teologia na Universidade de Aberdeen e morreu de tuberculose aos 28 anos. Em 1677, ele escreveu a um amigo desanimado uma extensa carta que, posteriormente, viria a se tornar esse livro. Esse foi o elemento catalisador para a conversão do evangelista britânico George Whitefield, que declarou: "Eu não conhecia a verdadeira religião até que Deus me enviou esse excelente tratado".[2] No livro, Scougal afirma que alguns cristãos pensam que crescemos por meio de um comportamento mais puro; outros, por uma doutrina mais acurada; e outros ainda, por meio de emoções mais ricas. Porém, a mudança genuína ocorre por meio da seguinte realidade: a vida de Deus na alma do homem.

---

1 Henry Scougal, *The life of God in the soul of man* (Fearn, Ross-shire, Scotland: Christian Focus, 1996).
2 Thomas S. Kidd, *George Whitefield: America's spiritual founding father* (New Haven, CT: Yale University Press, 2014), p. 28.

Scougal e outros santos do passado nos auxiliam a escalar a Bíblia e visualizar as riquezas que Deus tem para nós em sua Palavra no que se refere à nossa vida cristã diária. E nós traremos à mesa vários sábios do passado que nos ajudam a compreender melhor as Escrituras. A maior parte da sabedoria disponível para nós hoje se acha entre os mortos. Embora o espírito deles esteja agora com Cristo, no céu, os livros e sermões de Agostinho, Gregório, o Grande, Lutero, Calvino, Knox, Sibbes, Goodwin, Owen, Bunyan, Edwards, Whitefield, Ryle, Spurgeon, Bavinck, Lewis e Lloyd-Jones permanecem conosco. Assim, é-nos possível assimilar o ânimo e o discernimento dos grandes do passado muito mais que das celebridades do presente, quando considerarmos o que as Escrituras nos oferecem em prol de nosso crescimento em Cristo.

Portanto, neste livro, vamos refletir sobre mudança genuína para pecadores genuínos — o oposto de uma mudança superficial para pecadores hipotéticos. Não buscaremos mudanças de comportamento. Não falarei a você sobre colocar seu despertador para disparar mais cedo ou sobre cortar calorias. Nem mesmo refletiremos sobre dar o dízimo, frequentar a igreja, elaborar um diário, receber os sacramentos ou ler os puritanos. Tudo isso pode emanar de um coração putrefato. Estamos falando sobre mudança *genuína*. Estamos falando sobre mudança genuína para *pecadores genuínos*. Se você confessa a doutrina do pecado original, mas, ao mesmo tempo, acredita que está indo muito bem na vida cristã, recoloque este livro na estante. Este livro é para os frustrados. Para os exaustos. Para os que se encontram no limite. Para aqueles que estão prestes a desistir de qualquer progresso verdadeiro em seu crescimento cristão. Se você não apenas subscreve a tese da doutrina do pecado original, como também a está provando no cotidiano, este livro é para você.

Algumas observações iniciais.

Em primeiro lugar, não vou apressá-lo. Ninguém deveria fazer isso. Somos pecadores complexos. Algumas vezes, damos dois passos para frente e três para trás. Precisamos de tempo. Seja paciente consigo. Tenha senso de urgência, sim; mas não senso de pressa. As transformações rápidas são a exceção, e não a regra. As mudanças lentas são, ainda assim, mudanças genuínas. Essa é a maneira usual de Deus lidar conosco. Use o tempo necessário.

Em segundo lugar, ao começar este livro, abra seu coração à possibilidade de haver uma mudança genuína em sua vida. Uma das grandes vitórias do diabo reside em preencher nossos corações com um senso de futilidade. Talvez a maior vitória do diabo em sua vida, leitor, não seja um pecado que você comete de forma habitual, mas tão somente um senso de incapacidade em relação ao crescimento genuíno.

Em terceiro lugar, encorajo-o a não consumir este livro, mas, em vez disso, a refletir sobre seu caminho por meio dele. Talvez isso signifique fazer anotações em um diário enquanto o lê. Talvez signifique lê-lo na companhia de um amigo. Faça o possível para processar tudo lentamente, absorvendo, meditando e deixando as verdades bíblicas o conduzirem aos pastos verdejantes pelos quais você anela em sua caminhada com o Senhor. Uma leitura rápida, no caso de um livro como este, é uma leitura que absorve o mínimo.

Em quarto lugar, este livro é escrito por um companheiro paciente, e não por um médico. É escrito tanto para mim como por mim. Foi motivado tanto pelo fracasso como pelo sucesso.

Capítulo 1
Jesus

Este é um livro que trata do crescimento em Cristo. Portanto, inicialmente, temos de deixar claro quem é Jesus Cristo. Nosso crescimento não é um aprimoramento pessoal independente. É um crescimento *em Cristo*. Então, quem é ele?

Para muitos de nós, a tentação, a esta altura, é partir do pressuposto de que sabemos muito a respeito de quem Jesus é. Afinal, fomos salvos por ele. Dedicamos um bom tempo à Bíblia no passar dos anos. Já lemos várias obras a respeito de Cristo. Já falamos dele a algumas pessoas.

Mas, apesar de tudo isso, se realmente formos honestos, ainda achamos que nossas vidas estão permeadas de falhas, preocupações, anomalias e vazio.

Uma razão comum para falharmos em abandonar o pecado é que temos uma visão domesticada de Jesus. Não se trata de uma visão heterodoxa, pois somos completamente ortodoxos em nossa cristologia. Compreendemos que ele veio do céu como o Filho de Deus para viver a vida que não podemos viver e morrer a morte que merecemos morrer. Afirmamos sua ressurreição gloriosa. Confessamos, em consonância com os credos antigos, que Jesus é verdadeiramente Deus e verdadeiramente homem. Não temos uma visão heterodoxa. Temos uma visão domesticada de Cristo, a qual, a despeito de toda a precisão doutrinária, reduz a sua glória em nossos corações.

Portanto, temos de deixar claro, desde o início, quem é essa pessoa em quem crescemos. É justamente por aqui que começamos: ele é uma pessoa. Não apenas uma figura histórica, mas uma pessoa real, alguém que está bem vivo hoje. Trata-se de uma pessoa com quem temos de nos relacionar, em quem devemos crer, com quem precisamos falar, a quem necessitamos ouvir. Jesus não é um conceito, um ideal ou uma força. Crescer em Cristo é uma experiência de relacionamento, e não de formulações.

Insondáveis

Efésios nos fala das "insondáveis riquezas de Cristo" (Ef 3.8). A palavra grega traduzida como "insondáveis" ocorre apenas mais uma vez em todo o Novo Testamento, em Romanos 11.33: "Ó profundidade da riqueza, tanto da sabedoria como do conhecimento de Deus! Quão insondáveis são os seus juízos, e quão *inescrutáveis*, os seus caminhos!" [grifo acrescido]. Romanos 11 descreve a sabedoria de Deus como "inescrutável". E isso faz sentido. Deus é infinito e onisciente; sem dúvida, sua sabedoria e seu conhecimento são insondáveis. Mas Efésios 3 chama as *riquezas* de Cristo de insondáveis. Como assim? O que são essas riquezas em Cristo? Por que elas são insondáveis? Isso significa que podemos escavar, escavar e jamais atingir o fim?

À medida que você avança neste livro, permita-me propor-lhe uma ideia. Permita-me sugerir que você considere a possibilidade de que a ideia atual que você tem a respeito de

Jesus é a ponta do *iceberg*, que há profundezas maravilhosas em Jesus e realidades acerca dele ainda à espera de que você as descubra. Não estou levando em consideração o discipulado genuíno já em curso em sua vida nem as verdadeiras descobertas relativas à profundidade de Jesus Cristo que você já fez. Mas permita-me pedir-lhe que se mostre aberto à possibilidade de que uma das razões pelas quais você verifica tanto um crescimento modesto quanto a persistência do pecado em sua vida — se esse é o seu caso — é que o Jesus que você está seguindo é um Jesus inferior, um Jesus inconscientemente reduzido, um Jesus previsível e não surpreendente. Não estou presumindo que seja esse o seu caso. Estou apenas pedindo que você examine honestamente a si mesmo.

Quando, em 1492, Cristóvão Colombo chegou ao Caribe, chamou os nativos de "índios", pensando que havia chegado ao lugar ao qual os europeus, na época, se referiam como "as Índias" (China, Japão e Índia). De fato, ele não estava próximo ao sul ou ao leste da Ásia. Em sua rota, havia vastas regiões de terra, não exploradas e não mapeadas, sobre as quais Colombo nada sabia. Ele imaginou um mundo menor do que, de fato, era.

Acaso também nós temos cometido erro semelhante em relação a Jesus Cristo? Acaso existem inúmeras verdades a respeito de quem ele é, de acordo com a revelação bíblica, que são inexploradas? Acaso nós o temos reduzido, de forma involuntária, a proporções previsíveis e, de certa forma, controláveis? Acaso estamos olhando para um Jesus inferior, sem poder e unidimensional que nós mesmos criamos, imaginando ser esse o Jesus verdadeiro? Acaso temos mergulhado com uma máscara de mergulho em águas rasas, pensando haver chegado ao fundo do Pacífico?

Neste capítulo, eu gostaria de mencionar sete facetas de Cristo, sete "regiões" de Cristo que podem não estar sendo devidamente exploradas em nossa geração. Dezenas mais poderiam ser consideradas. Mas vamos limitar-nos a estas sete: governo, salvação, amizade, perseverança, intercessão, retorno e ternura. O propósito deste exercício é colocar o próprio Cristo vivo em contraste mais acentuado e nítido, para que o vejamos agigantar-se de maneira mais radiante e gloriosa do que nunca; para que troquemos nossa máscara de mergulho por um cilindro de oxigênio, o qual nos leve a profundezas que jamais sondamos; para que busquemos o crescimento cristão movidos por uma visão exata e cada vez mais profunda do Cristo a quem fomos unidos.

Governo

Jesus exerce autoridade suprema sobre todo o universo.

Antes de sua ascensão, Jesus disse: "Toda a autoridade me foi dada no céu e na terra" (Mt 28.18). Ele não está ansiando por estar no controle; ele governa supremamente no presente. A rejeição da autoridade de Jesus por parte do mundo não afeta o fato de que ela é real. Sob a perspectiva do céu, tudo está em consonância com o plano. Jesus Cristo está supervisionando tudo o que acontece, tanto na igreja como na história do mundo. Nossa percepção e nossa capacidade de ver o governo de Cristo podem aumentar e diminuir; mas isso é apenas percepção. O governo atual de Cristo se mantém inalterável — supremo, forte, suficiente e onipresente. Nenhum tráfico de drogas está fora de seu conhecimento, nenhum escândalo político se desdobra além do alcance de sua visão, nenhuma injustiça pode ser executada sem que ele o saiba. Quando os líderes do mundo contemporâneo se reúnem, eles mesmos estão nas mãos de um carpinteiro galileu ressurreto.

Esse reino supremo é verdadeiro não apenas quanto ao cosmos e à história do mundo, mas também quanto à nossa própria vida insignificante. Ele vê a você. Ele o conhece. Nada está oculto aos olhos dele. E, um dia, você será julgado não de acordo com o que era visível aos outros, mas de acordo com o que você realmente era e fez. A Bíblia diz que, quando Jesus vier para julgar o mundo, ele "não somente trará à plena luz as coisas ocultas das trevas, mas também manifestará os desígnios dos corações" (1Co 4.5). Não somente o que fizemos em secreto, mas até mesmo nossa própria motivação será trazida à luz e julgada.

Podemos não ver Jesus com nossos olhos, mas ele é o ser mais real do universo. A Bíblia diz que "nele tudo subsiste" (Cl 1.17). Se Jesus for retirado do universo, tudo colapsará. O Salvador não é um boneco para quem devamos sorrir ou alguém que meramente tenhamos de acrescentar a uma vida que, sem ele, já funciona muito bem. Jesus é o poderoso sustentador do universo, aquele a cujo governo supremo dobraremos os joelhos nesta vida ou na vida por vir (Fp 2.10).

Considere a descrição trazida em Apocalipse 1. João está tentando expressar em palavras, de forma clara, algo que não pode ser expresso em palavras:

> [...] um semelhante a filho de homem, com vestes talares e cingido, à altura do peito, com uma cinta de ouro. A sua cabeça e cabelos eram brancos como alva lã, como neve; os olhos, como chama de fogo; os pés, semelhantes ao bronze polido, como que refinado numa fornalha; a voz, como

voz de muitas águas. Tinha na mão direita sete estrelas, e da boca saía-lhe uma afiada espada de dois gumes. O seu rosto brilhava como o sol na sua força. Quando o vi, caí a seus pés como morto. (Ap 1.13-17)

Você tem reduzido o Senhor Jesus a um Salvador brando, controlável e previsível, alguém que auxilia sua existência e com ela contribui, mas sem o qual sua vida já decorre tranquilamente? Você tem tratado aquilo que é espiritualmente crucial como algo descartável? O fato de nos familiarizarmos inconscientemente com a autoridade e o governo abrangentes de Jesus Cristo sobre todas as coisas poderia ser a razão para estarmos paralisados em nosso crescimento espiritual? Será que nos faltam um temor, admiração e tremor apropriados em relação ao Senhor Jesus, o Jesus real que, um dia, silenciará o bramir das nações com um simples sussurro?

Jesus governa.

Salvação

Talvez pareça óbvio que o Jesus verdadeiro é um Jesus Salvador. Contudo, quero dizer algo bem específico quando o chamo "Salvador". Quero dizer que ele está salvando, e *não apenas ajudando*. Como pecadores, não estamos apenas feridos; estamos, além disso, mortos em nossos delitos e necessitamos não somente de fortalecimento e auxílio, como também de ressurreição, de uma libertação plena (Ef 2.1-6).

Quando refletimos sobre nosso crescimento em Cristo, temos uma visão empobrecida da dimensão do que Deus fez em Cristo para nos libertar? Em nossa atual e constante caminhada com o Senhor, cremos, de forma pragmática, que a vida cristã saudável depende apenas de nossos esforços, os quais são santificados com um pequeno empurrão adicional de Jesus?

Sabemos realmente o que significa sermos *salvos*? No evangelho de Lucas, Jesus conta uma parábola para enfatizar isso:

> Convidou-o um dos fariseus para que fosse jantar com ele. Jesus, entrando na casa do fariseu, tomou lugar à mesa. E eis que uma mulher da cidade, pecadora, sabendo que ele estava à mesa na casa do fariseu, levou um vaso de alabastro com unguento; e, estando por detrás, aos seus pés, chorando, regava-os com suas lágrimas e os enxugava com os próprios cabelos; e beijava-lhe os pés e os ungia com o unguento. Ao ver isto, o fariseu que o convidara disse consigo mesmo: Se este fora profeta, bem saberia quem e qual é a mulher que lhe tocou, porque é pecadora. Dirigiu-se Jesus ao fariseu e lhe disse: Simão, uma coisa tenho a dizer-te. Ele respondeu: Dize-a, Mestre.
>
> Certo credor tinha dois devedores: um lhe devia quinhentos denários, e o outro, cinquenta. Não tendo nenhum dos dois com que pagar, perdoou-lhes a ambos. Qual deles, portanto, o amará mais? Respondeu-lhe Simão: Suponho que aquele a quem mais perdoou. Replicou-lhe: Julgaste bem. E, voltando-se para a mulher, disse a Simão: Vês esta mulher? Entrei em tua casa, e não me deste água para os pés; esta, porém, regou os meus pés com lágrimas e os enxugou com os seus cabelos. Não me deste ósculo; ela, entretanto, desde que entrei não cessa de me beijar os pés.

> Não me ungiste a cabeça com óleo, mas esta, com bálsamo, ungiu os meus pés. Por isso, te digo: perdoados lhe são os seus muitos pecados, porque ela muito amou; mas aquele a quem pouco se perdoa, pouco ama. Então, disse à mulher: Perdoados são os teus pecados. Os que estavam com ele à mesa começaram a dizer entre si: Quem é este que até perdoa pecados? Mas Jesus disse à mulher: A tua fé te salvou; vai-te em paz. (Lc 7.36-50)

Todo ser humano tem uma dívida de quinhentos denários. A ênfase da parábola é que tendemos a *acreditar* que nossa dívida é apenas de cinquenta denários. Os fracassados mais óbvios de uma cultura sentem sua pecaminosidade mais prontamente do que os outros e estão, portanto, mais preparados e dispostos a um livramento que os arranque da morte com uma salvação plena e total.

Uma das razões pelas quais nosso crescimento espiritual definha é que perdemos gradualmente o senso da profundeza a que Jesus desceu para nos salvar. Veja bem: para nos *salvar*. Quando corríamos a toda velocidade na direção oposta, ele nos caçou, subjugou nossa rebelião e abriu nossos olhos para que nos déssemos conta da nossa necessidade que temos dele e de sua total suficiência para atender a essa necessidade. Não estávamos nos afogando, como se necessitássemos de um colete salva-vidas; estávamos totalmente mortos, bem lá no fundo do oceano. Ele nos retirou de lá, soprou vida nova em nossas almas e nos colocou em pé. Todo fôlego que agora respiramos se deve à total e plena libertação que recebemos dele em todo o nosso desamparo e em nossa morte.

Jesus salva.

Amizade

"Já não vos chamo servos [...] mas tenho-vos chamado amigos" (Jo 15.15). O senso genuíno da amizade de Jesus com seus seguidores é uma característica de sua plena suficiência, sem a qual não pode haver crescimento vital.

Alguns de nós temos um senso poderoso da glória transcendente de Jesus — um aspecto de seu ser tão vital quanto qualquer outro. Trememos quando pensamos nele. Sua grandeza resplandecente se assoma à medida que nos conscientizamos dela diariamente. Nós nos aproximamos dele com reverência e temor. E é assim mesmo que deve ser!

Mas aquele que é tanto Leão como Cordeiro é tanto transcendente como imanente, tanto remoto como próximo, tanto grande como bom, tanto Rei como Amigo. Eu lhe pergunto se o Salvador é o seu *amigo* mais querido e mais verdadeiro.

O que um amigo faz? Um amigo se achega nos tempos de necessidade. Um amigo sente prazer em vir para se solidarizar conosco, levando consigo nossos fardos. Um amigo ouve. Um amigo está disponível para nós. Ele nunca se declara elevado ou importante demais para nos dedicar tempo.

Um amigo compartilha as profundezas de seu coração. Essa é exatamente a ênfase da citação de João 15, que diz de forma mais completa: "Já não vos chamo servos, porque o servo não sabe o que faz o seu senhor; mas tenho-vos chamado amigos, porque tudo quanto ouvi de meu Pai vos tenho dado a conhecer" (Jo 15.15). Incrível: o Deus trino nos inclui em seus planos de restaurar o universo. Ele faz de nós parte de seu círculo mais íntimo. Ele nos informa o que está fazendo e aceita nossa participação nisso.

Jesus foi acusado de ser "amigo de publicanos e pecadores" (Mt 11.19; Lc 7.34). Porém, essa acusação, misturada com desdém, é um conforto profundo para aqueles que sabem que se enquadram nessa categoria de "pecadores". É por isso que esses dois grupos (publicanos e pecadores) eram precisamente os que "aproximavam-se de Jesus [...] para o ouvir" (Lc 15.1). Em torno de Jesus, os pecadores — aqueles que reconhecem que são pecadores — sentem-se seguros, reconhecendo-se tanto culpados como envolvidos em amor, e não uma coisa ou outra. A vergonha que sentimos é o que atrai Jesus. Ele é o amigo poderoso dos pecadores.

Que outro tipo de Salvador servirá? Qual de nós seria capaz de realmente sentir um estímulo renovado em sua vida se estivesse seguindo um Salvador que se mantém a uma distância segura e que nos tratasse não como amigos, mas como empregados? Mas, se o nosso Salvador se achega a nós e é repelido apenas por justiça própria, mas nunca por vergonha ou fraqueza reconhecidas, não há limites para a transformação profunda que ele pode operar em nós. É justamente no momento de nosso arrependimento e de nossa culpa mais profundos que essa amizade nos envolve de forma mais segura e inabalável.

Se ele é o amigo dos pecadores, e se você reconhece a si mesmo como um pecador, permita que ele o tome como seu amigo mais profundamente do que nunca. Abra-se para ele, como você não o faz em relação a qualquer outro amigo terreno. Deixe-o amá-lo como o amigo dos fracassados, como o aliado invencível dos fracos.

Jesus é nosso amigo.

Perseverança

A hesitação é parte da natureza de todo relacionamento humano. Professamos compromisso eterno uns com os outros e queremos realmente que seja assim. Mas nós, humanos, somos instáveis. Entramos até mesmo no matrimônio por força de um pacto. Por quê? Porque sabemos que nossos sentimentos vêm e vão. Para unir um marido a sua esposa, é necessário um laço que se mostre mais profundo que os sentimentos.

Quem é Jesus? É um amigo que não hesita. Ele persevera. O evangelho de João nos diz que Jesus, estando na semana final de sua vida terrena, "tendo amado os seus que estavam no mundo, amou-os até ao fim" (Jo 13.1). Jesus se prende a seu povo. Não há uma data de expiração. Não há um fim no caminho. Nosso lado do compromisso fraquejará e tropeçará; o dele, porém, jamais.

Não cresceremos em Cristo se virmos sua presença e seu favor como um despertador, pronto para disparar o alarme se o decepcionarmos bastante. Podemos atingir uma saúde mais profunda apenas quando a verdade estabelece em nós a certeza de que, se Jesus nos trouxe a si mesmo, nunca estará à procura de um motivo para nos abandonar. Ele ficará conosco até o fim. De posse desse conhecimento, podemos nos acalmar e começar a florescer. Um estudioso da Bíblia chamou acertadamente nosso crescimento em Cristo de "uma espécie de esforço estranhamente tranquila".[1] Nós nos esforçamos para avançar, mas esse esforço é, ao mesmo tempo, um esforço tranquilo, porque se firmou em nosso coração a verdade de que o pecado não pode ser motivo para sermos excluídos da união com Jesus.

---

1 C. F. D. Moule, "'The new life' in Colossians 3:1-17", *Review and expositor* 70, nº 4 (1973): 482.

Essa é a lógica de Romanos 5. Jesus morreu por nós "quando nós ainda éramos fracos" (v. 6), quando éramos "inimigos" (v. 10). Assim, ele certamente não nos deixará agora que somos seus irmãos. Se Jesus foi até à cruz por nós quando ainda não lhe pertencíamos, provou que continuará conosco agora que somos dele.

Jesus persevera conosco.

Intercessão

Outra parte vital, embora negligenciada, de nosso crescimento em Cristo é saber que sua obra não se encerrou quando ele ressuscitou dos mortos. É comum, embora errado, limitar a obra de Cristo a:

> nascimento → vida → morte → sepultamento → ressurreição → ascensão.

Isso deixa de fora a parte de sua obra que ele está realizando agora mesmo:

> nascimento → vida → morte → sepultamento → ressurreição → ascensão → intercessão.

A Bíblia diz que ninguém pode condenar os crentes porque "é Cristo Jesus quem [...] está à direita de Deus e também intercede por nós" (Rm 8.34). Ele está falando em nosso favor. *Jesus ora por nós*. Isso é o que o Cristo exaltado faz. O antigo teólogo Thomas Goodwin afirmou: "Permita-me dizer-lhe que ele ainda estaria pregando hoje, mas tinha outros negócios a fazer por você no céu, onde agora se encontra, orando e intercedendo por você, mesmo quando você peca, como vemos que ele fez ainda na terra pelos judeus quando o estavam crucificando".[2]

Jesus não está entediado no céu. Está plenamente engajado em nosso benefício, tão engajado quanto esteve na terra. Está intercedendo por nós. Por quê? Porque continuamos a pecar *como crentes*. Se a conversão nos tivesse mudado tanto que jamais voltássemos a pecar, não teríamos necessidade da obra de intercessão de Cristo. Precisaríamos apenas de sua morte para pagar pelos pecados que cometemos antes da conversão. No entanto, ele é um Salvador completo. Sua obra de intercessão no presente aplica, a cada instante, diante do Pai, sua obra anterior de expiação, à medida que vamos avançando pela vida, sempre tendo o desejo agradar ao Senhor, mas, frequentemente, falhando. A Bíblia diz que Jesus "pode salvar totalmente os que por ele se chegam a Deus, vivendo sempre para interceder por eles" (Hb 7.25). O falar de Jesus em nosso favor nas cortes celestiais é uma realidade constante e permanente — ele vive "sempre para interceder por eles".

Nós cresceremos em Cristo somente quando reconhecermos o aliado que Jesus Cristo é para nós agora que está no céu. Ele não morreu e ressuscitou em nosso favor, mas, depois, voltou ao céu apenas para ficar de braços cruzados, vendo quão bem nos sairíamos. Jesus continua a trabalhar em nosso benefício — ele nos salva "totalmente" —, advogando em nosso favor quando ninguém mais o faria, nem mesmo nós. *Ele está mais comprometido com o nosso crescimento nele do que nós mesmos.*

Jesus intercede.

---

[2] Thomas Goodwin, *Encouragements to faith*, em *The works of Thomas Goodwin*, 12 vols. (reimpr., Grand Rapids, MI: Reformation Heritage, 2006), 4:224.

Retorno

Nosso crescimento em Cristo também extrai forças do senso vívido de seu retorno iminente.

É difícil avançar na vida cristã quando nos permitimos ser iludidos pelo senso monótono de que este mundo continuará para sempre como é agora. Mas, quando nutrimos expectativa quanto ao tempo em que "do céu se manifestar o Senhor Jesus com os anjos do seu poder, em chama de fogo" (2Ts 1.7-8), a urgência e esperança nos impelem a avançar.

Cremos realmente que, um dia, "naquela manhã da ressurreição", como pregou Jonathan Edwards em 1746, "quando o Sol da Justiça aparecer nos céus, brilhando em todo o esplendor de sua glória, ele se manifestará como um noivo; virá na glória de seu Pai, com todos os anjos santos".[3] Considere isto: o retorno de Cristo acontecerá em um dia real na história do mundo — em um mês específico, em uma data específica. O dia já foi estabelecido (At 17.31). Somente Deus o conhece (Mt 24.36), mas esse dia é iminente (Mt 24.42). Quando acontecer, não lamentaremos nossa indiferença quanto ao crescimento em Cristo? Não ficaremos perplexos ante o fato de que, segundo nossa estimativa, nossa conta bancária e nossa reputação pareciam tão grandes, muito maiores do que nossa verdadeira condição espiritual?

Jesus deixou este mundo em silêncio, mas retornará estrepitosamente (1Ts 4.16). Ele partiu furtivamente, mas voltará de forma estridente. Pode ser amanhã. Mas, ainda que não seja, encontramo-nos cada vez mais perto de seu retorno.

Jesus está retornando.

---

3 Jonathan Edwards, "The curch's marriage to her sons, and to Her God", em *The works of Jonathan Edwards*, vol. 25, *Sermons and discourses*, 1743-1758, ed. Wilson H. Kimnach (New Haven, CT: Yale University Press, 2006), p. 183.

Ternura

Por fim — e eu desejo que isso ressoe em seu coração com mais intensidade, à medida que você prosseguir no restante deste livro —, Jesus é infinitamente terno.

Ele é a pessoa mais aberta, acessível, pacífica e condescendente do universo. É a pessoa mais gentil e menos rude que você jamais conhecerá. Poder infinito, mansidão infinita. Ofuscantemente resplandecente; infinitamente calmo.

Se você tivesse apenas algumas palavras para definir quem é Jesus, o que diria? Na única passagem em que nos fala sobre seu próprio coração, Jesus diz: "Sou manso e humilde de coração" (Mt 11.29). Lembre-se de que o "coração", na linguagem bíblica, não são meramente as nossas emoções, mas o âmago mais íntimo e impulsionador de tudo aquilo que fazemos. Nossos amores, desejos e ambições mais profundos fluem de nosso coração. Quando Jesus se abre e nos fala da fonte — o motor, o cerne pulsante — de todos os seus atos, diz-nos que é manso e humilde. Ao olharmos para os recônditos mais profundos de Jesus Cristo, ali encontramos mansidão e humildade.

Sabemos que nosso coração resiste a isso. Contemplamos a feiura no nosso interior. Mal podemos encarar a nós mesmos. Sentimo-nos muito inadequados, ao passo que Jesus é perfeitamente santo, o Filho de Deus divino. É normal e natural, até mesmo em nossas igrejas, sentirmos instintivamente que Jesus mantém seu povo um pouco distante de si mesmo. É por isso que necessitamos da Bíblia. O testemunho de toda a Bíblia, culminando em Mateus 11.29, é que Deus contraria o que instintivamente sentimos, na medida em que nos abraça mesmo em meio à nossa bagunça. Ele considera irresistíveis o arrependimento, a tristeza, a necessidade e a carência.

Você não tem de mostrar segurança para ir até Jesus. Não tem de entrar numa fila ou comprar um ingresso. Não tem de fazer acenos para chamar a atenção dele nem levantar muito a voz para estar certo de que ele o ouve.

Ele o enxerga em sua pequenez, achega-se a você em sua pecaminosidade e se solidariza com você em sua angústia.

O que devemos notar é não apenas que Jesus é gentil com você, mas que ele se sente atraído positivamente em sua direção, mesmo quando você está mais certo de que ele não desejaria estar na sua companhia. Jesus não é repelido por sua pecaminosidade. Ao contrário, ele considera irresistíveis sua necessidade, seu vazio e sua tristeza. Ele não tarda em encontrá-lo em meio à sua necessidade. Trata-se da mesma diferença entre um adolescente numa manhã de domingo, quando ele sai forçosamente da cama, ao ouvir o alarme do despertador, e esse mesmo adolescente numa manhã de Natal, quando ele se levanta em um salto. Olhe para o Salvador em Mateus, Marcos, Lucas e João. Com quem ele gasta a maior parte do tempo? O que o faz verter lágrimas? O que o tira da cama bem cedo? Com quem ele faz suas refeições? Com os rejeitados, os vazios, os que anseiam por esperança e os fracassados.

O primeiro fato que pretendo deixar claro aqui, logo no começo deste livro, é que o Jesus verdadeiro é manso e humilde de coração. Digo "Jesus *verdadeiro*" porque todos nós o diluímos involuntariamente, reduzindo-o àquilo que nossa mente consegue imaginar naturalmente. Porém, a Bíblia nos corrige, dizendo-nos que devemos parar de agir assim. Sem a Bíblia, podemos apenas criar um Jesus à nossa própria imagem, um

Jesus de gentileza e misericórdia moderadas. A Escritura destrói esse Jesus diluído e libera o Cristo verdadeiro, de forma que o que descobrimos é que suas mais íntimas afeições são a mansidão e a humildade.

Este é um livro sobre mudança. Permita-me ser claro. *Você não mudará até entender corretamente quem é Jesus, especialmente no que diz respeito à sua surpreendente ternura.* Depois disso, dedique todo o resto de sua vida a se aprofundar na mansidão de Jesus. A única alternativa ao Jesus verdadeiro é voltar à rotina — a rotina de fazer seu melhor para seguir e honrar Jesus, enquanto você crê que a misericórdia e a graça dele são um estoque gradualmente exaurido por nossos erros e espera chegar à morte antes que a montanha de misericórdia se esgote. Este é o ensino da Bíblia: se você está em Cristo, seus pecados fazem esse estoque crescer cada vez mais. Onde abunda o pecado, a graça de Cristo superabunda. É em nosso espírito de vergonha e arrependimento profundos que o coração dele habita *e de lá ele não sairá.*

À medida que você for progredindo na leitura deste livro e avançando em seu caminho pela vida, lance fora, de uma vez por todas, o Jesus reduzido e levante os olhos para o Jesus verdadeiro, o Jesus cuja ternura sempre excede e aceita nossas fraquezas, o Cristo cujas riquezas são insondáveis. Esse Cristo é aquele sob cujo cuidado e instrução você será, por fim, capaz de florescer e frutificar.

"Sou manso e humilde de coração."

Jesus é cheio de ternura.

O Cristo verdadeiro

Faça de sua jornada de crescimento uma jornada na direção do próprio Cristo. Explore regiões inexploradas de quem ele é. Resista à tendência, comum a todos nós, de reduzi-lo à nossa expectativa preconcebida de como ele deve ser. Deixe-o surpreendê-lo. Permita que a plenitude de Cristo o cative e o encoraje. Permita que ele seja um grande Cristo. Em uma carta de 1959, C. S. Lewis disse:

> "Jesus gentil", meu poder! O fato mais impressionante a respeito de nosso Senhor é a união de uma grande ferocidade com uma ternura extrema. (Lembre-se de Pascal: "Eu não admiro o extremo de uma virtude se você não me mostrar, ao mesmo tempo, o extremo da virtude oposta. Uma pessoa mostra sua grandeza não por estar em uma extremidade, mas, sim, por estar simultaneamente em duas extremidades e preenchendo o espaço entre elas".)
>
> Acrescente a isso o fato de que Jesus é também um grande especialista em dialética, ironia e (ocasionalmente) humor. Portanto, siga em frente! Você está na trilha certa agora: seguindo para o Homem real por trás de todas as imitações que o têm substituído. Essa é a aparência em forma humana do Deus que fez o Tigre *e* o Cordeiro, a avalanche *e* a rosa. Ele o assustará e o deixará confuso; mas o Cristo verdadeiro *pode* ser amado e admirado de uma forma que a imitação não pode.[4]

---

4 C. S. Lewis, *The collected letters of C. S. Lewis*, vol. 3, *Narnia, Cambridge, and Joy, 1950-1963*, ed. Walter Hooper (San Francisco: HarperCollins, 2009), p. 1011; ênfase original.

Resolva hoje mesmo, diante de Deus, que você, por meio da Bíblia e de bons livros que a explicam, dedicará o restante de sua vida a mergulhar nas insondáveis riquezas do Cristo verdadeiro.

Permita que ele, em sua plenitude, o ame e o guie em crescimento.

Capítulo 2
Desespero

Em toda a Bíblia, há uma mensagem estranha, embora consistente. Repetidas vezes, a Bíblia nos diz que o caminho adiante será, aparentemente, como se estivéssemos seguindo para trás.

Os Salmos nos dizem que aqueles cujo coração está quebrantado e que se sentem esmagados pela vida são as pessoas de quem Deus está mais perto (Sl 34.18). Provérbios nos diz que é aos humildes e necessitados que Deus mostra seu favor (Pv 3.34). Ficamos surpresos ao aprendermos, em Isaías, que Deus habita em dois lugares: num lugar alto e santo, na glória do céu, mas também na companhia dos destituídos de autoconfiança e vazios de si mesmos (Is 57.15; 66.1-2). Jesus nos diz: "Se o grão de trigo, caindo na terra, não morrer, fica ele só; mas, se morrer, produz muito fruto" (Jo 12.24). Ele nos diz que o caminho para a grandeza é o serviço e que o caminho para ser o primeiro é ser servo de todos (Mc 10.43-44). Tiago tem a audácia de nos instruir: "Converta-se o vosso riso em pranto" (Tg 4.9).

Por que a Bíblia faz isso? Deus quer que sempre nos sintamos mal a respeito de nós mesmos? Ele é ávido em nos mostrar que não somos tão importantes quanto pensamos, em diminuir nossa alegria, para que não sejamos tão felizes?

De modo algum. É por causa do desejo do próprio Deus de que sejamos jubilosamente felizes, transbordantes da tumultuosa alegria do próprio céu, que ele nos diz isso. Ele está nos diminuindo com o propósito de nos conduzir à honestidade e à sanidade. Deus quer que vejamos nossa enfermidade de modo que corramos para o médico. Ele quer nos curar.

Os seres humanos caídos entram na alegria somente pela porta do desespero. Isso acontece, de forma decisiva, na conversão, quando confessamos nossa condição terrivelmente pecaminosa pela primeira vez e caímos nos braços de Jesus; depois, permanece num ritmo constante ao longo de toda a vida cristã. Se você não está crescendo em Cristo, talvez seja pelo fato de que foi abandonando, gradativamente, a disciplina saudável e benéfica de ver a si mesmo como alguém desprovido de esperança.

Martinho Lutero, como outros na história da Igreja, entendia bem isso. Em *A escravidão da vontade*, ele escreveu:

> Deus prometeu certamente sua graça aos humildes, àqueles que lamentam e se desesperam em relação a si mesmos. Mas nenhum homem pode ser totalmente humilhado enquanto não sabe que sua salvação está além de suas próprias capacidades, artifícios, esforços, vontade e obras, dependendo inteiramente da escolha, da vontade e da obra de outrem, ou seja, de Deus. Enquanto o homem estiver convencido de que pode fazer alguma coisa por sua salvação, ele retém alguma autoconfiança e não perde a esperança completa em si mesmo, não estando, portanto, humilhado diante de Deus, mas presumindo que há — ou, pelo menos, esperando ou desejando que haja — algum lugar,

tempo e obra para ele pelos quais possa, a longo prazo, atingir a salvação. Todavia, quando um homem não tem dúvida de que tudo depende da vontade de Deus, ele se desespera totalmente de si mesmo e não escolhe nada por si mesmo, mas espera que Deus faça sua obra. Então, ele se terá aproximado da graça de Deus.[1]

Lutero entendia, como é evidente em seus escritos, que esse desespero não é uma experiência única, algo que ocorre apenas na conversão. O crescimento cristão é, entre outras coisas, crescimento em ver quão pobres e desprovidos de poder somos em nossa própria força, ou seja, quão superficiais e fúteis são nossos esforços para crescermos espiritualmente.

Este capítulo leva em consideração a necessidade saudável de perdermos ocasionalmente a esperança em nós mesmos e, mais uma vez, vermos se estamos crescendo em nosso andar com Cristo.

A pecaminosidade do pecado

Qual é a condição natural do ser humano?

Por um lado, somos esplendidamente gloriosos. A imagem de Deus nos encharca de glória e nos torna completamente diferentes de qualquer outra criatura no universo. Construímos, fazemos arte, amamos, trabalhamos. Comandamos este mundo, como Deus planejou. Deus colocou Adão no jardim do Éden "para o cultivar e o guardar" (Gn 2.15). Essas duas palavras hebraicas denotam cultivo e proteção, respectivamente. É por essa razão que todo ser humano, feito à imagem de

---

1 Martin Luther, *The bondage of the will*, em *Career of the reformer III*, em *Luther's works*, ed. Jaroslav Pelikan e Helmut T. Lehmann, 55 vols. (Philadelphia: Fortress, 1955-1986), 33:61-62.

Deus, está neste planeta. Fomos colocados aqui para desenvolver este mundo, para conquistá-lo e para administrá-lo.

Entretanto, nós também somos corrompidos. A antiga rebelião de nossos ancestrais edênicos se perpetua em cada geração, e a repercussão trágica disso atinge cada aspecto de nossa existência. Nosso corpo começa a perder vigor a partir trinta anos. Doenças e calamidades naturais assolam muitos de nós, causando horrores imprevisíveis. E o mais terrível de tudo: nossas mentes e nossos corações foram infectados — nós desejamos o que é proibido, celebramos a infelicidade dos outros, retemos em vez de dar. Em resumo, construímos toda a nossa vida em função do trono do ego. Romanos 3 expressa isso ao descrever de que forma o pecado contamina as partes do corpo físico (Rm 3.9-18). Os seres humanos caídos são fábricas de impureza.

Em algum sentido, nós, que confessamos Cristo, admitimos a realidade do pecado. Contudo, também menosprezamos profundamente essa realidade. "Ninguém é perfeito", costumamos reconhecer. "Todos cometemos erros". Mas o problema não é o fato de seguirmos na direção certa com alguns tropeços ocasionais. Estamos correndo na direção errada. O mal é o oceano, e não as ilhas, de nossa existência interior. "O coração dos homens está cheio de maldade", diz a Bíblia, "nele há desvarios enquanto vivem" (Ec 9.3).

A realidade desse mal, que a Bíblia chama pecado, é o que nos impede de reconhecê-lo. O pregador britânico Martin Lloyd-Jones explica: "Você nunca se permitirá sentir como um pecador, porque, como resultado do pecado, há um mecanismo em você que sempre o defenderá de toda acusação. Estamos todos sempre em muito boa relação com nós mesmos e podemos sempre apresentar um bom argumento em favor de nós mesmos".[2] É como se tivéssemos uma doença da qual um dos sintomas é nos sentirmos saudáveis. Por isso, com frequência, a Bíblia fala da pecaminosidade como cegueira (*e.g.*, Is 6.10; 42.7; Mt 15.14; 23.17; Jo 9.40, 41; 2Co 4.4; 1Jo 2.11; Ap 3.17).

O que estou tentando dizer é que o único fundamento seguro sobre o qual podemos edificar o crescimento espiritual é a base sólida da falta de esperança em nós mesmos. Quanto mais minimizarmos o mal em nosso interior, menos profundamente poderemos crescer. Quando pensamos ter uma dor de cabeça, tomamos um comprimido para dor e vamos dormir. Suportamos quimioterapia quando sabemos que temos um tumor no cérebro. A severidade de nossa condição determina a profundeza e a seriedade do remédio de que precisamos. Se você vê sua pecaminosidade como uma dor de cabeça enfadonha, e não como um câncer letal, terá um crescimento tépido (se tiver algum crescimento). Você não verá a si mesmo como alguém que tem de crescer muito. Entretanto, quando vemos quão desesperadamente enfermos estamos e como estamos profundamente aquém da glória para a qual Deus nos destinou, damos o primeiro passo decisivo para cruzar aquela vasta distância entre o que somos e o que fomos destinados a ser. "Aprenda muito sobre seu próprio coração", disse o pastor escocês Robert Murray McCheyne, "e, quando tiver aprendido

---

[2] Martyn Lloyd-Jones, *Seeking the face of God: nine reflections on the Psalms* (Wheaton, IL: Crossway, 2005), p. 34.

todo o possível, lembre-se de que viu apenas uns poucos metros de um abismo que é insondável".³

No entanto, precisamos compreender nossa pecaminosidade de maneira abrangente. Não é apenas nossa imoralidade que reflete o mal em nosso interior. Até mesmo nossa moralidade é permeada pelo pecado. Isso lhe parece desnecessariamente negativo e rude? Considere sua própria vida. Aquele ato de serviço que você prestou ontem teve realmente a ver, em essência, com trazer notoriedade para si mesmo e para sua virtude? Não responda tão rapidamente! O modo como você saudou calorosamente os que estão ao seu redor hoje é, após a devida consideração, motivado principalmente pelo que você deseja que os outros pensem de você? Não é, como disse Agostinho, pecado travestido de virtude?⁴

Algumas epístolas do Novo Testamento, como 2 Pedro e Judas, foram escritas basicamente para confrontar o mal da imoralidade. Outras, porém, a exemplo de Gálatas e Colossenses, foram escritas para confrontar o mal da falsa moralidade. Somos tão naturalmente ímpios que nos distorceremos qualquer coisa a serviço do ego. De fato, em todos os quatro evangelhos, é evidente que a moralidade, e não a imoralidade, é o maior obstáculo à comunhão com Jesus. Os necessitados e rejeitados se viram atraídos a Jesus, enxugando os pés dele com os próprios cabelos e deixando tudo para estar

---

3 Robert Murray McCheyne, em uma carta de 1840, apud Andrew A. Bonar, *Memoirs and remains of the Rev. Robert Murray McCheyne* (Edinburgh: Oliphant, Anderson, and Ferrier, 1892), p. 293.
4 Augustine, *City of God*, ed. Vernon J. Bourke, trad. Gerald G. Walsh, Demetrius B. Zema, Grace Monahan e Daniel J. Honan (Garden City, NY: Image, 1958), 19.25.

com ele. A elite religiosa, por sua vez, o questionou, duvidou dele e, por fim, o matou.

Morra antes que você morra

A ênfase em tudo isso é que temos de encarar quem realmente somos, quando abandonados à nossa própria capacidade. A salvação cristã não é assistência; é resgate. O Evangelho não toma nosso bem e nos completa com a ajuda de Deus. O Evangelho nos diz que estamos mortos e desamparados, incapazes de contribuir com qualquer coisa em prol de nosso resgate, senão com o pecado que o torna necessário. A salvação cristã não é aprimorar; é ressuscitar.

O que fazemos na conversão e o que continuamos a fazer depois não é pedir a Deus que dê à nossa vida, já ordenada sem ele, um pequeno aprimoramento que venha do céu. O que fazemos é colapsar. Deixamos o desespero em relação ao que somos, quando entregues a nós mesmos, inundar-nos. Em resumo, morremos. Como um personagem de C. S. Lewis diz corretamente em *Até que tenhamos rostos*: "Morra antes que você morra. Não há oportunidade depois".[5]

O desespero não é um fim em si mesmo, mas, sim, um elemento vital da espiritualidade saudável. Não pode ser descartado. Uma das razões pelas quais muitos cristãos permanecem mergulhando em águas rasas durante toda a vida é que não se permitem passar, com uma profundidade cada vez maior, pelo doloroso corredor da honestidade, no qual descobririam quem realmente são. Esse foi o erro dos cristãos de Laodiceia. Jesus diagnosticou o erro deles: "Pois dizes: Estou

---

5 C. S. Lewis, *Till we have faces: a myth retold* (New York: Harcourt, 1956), p. 279.

rico e abastado e não preciso de coisa alguma, e nem sabes que tu és infeliz, sim, miserável, pobre, cego e nu" (Ap 3.17).

Hoje em dia, podemos cometer o mesmo erro. Por isso, entre na jubilosa queda livre da desesperança quanto a si mesmo. Não estou sugerindo que menospreze a imagem gloriosa de Deus que você é. Sugiro apenas que se permita manter, durante todo o percurso de sua jornada cristã, a lembrança salutar de quanto mal reside em você, mesmo na condição de alguém nascido de novo. Sinta sua própria pecaminosidade. Permita que ela o humilhe e que o torne sóbrio. Acautele-se de encher a vida com programas televisivos de entrevistas e telefonemas que não o levam regularmente a parar e considerar a terrível condição de sua vida afastada de Cristo. *Você não é capaz de sentir, de forma plena e suficiente, o peso da própria pecaminosidade*. Jamais conheci um cristão profundo que não tivesse um senso correspondentemente profundo de sua própria desolação natural.

O contraste supremo

Ficamos face a face com nossa pecaminosidade não, primariamente, por nos sentarmos e refletirmos, olhando para nosso interior, ponderando sobre nosso coração. Precisamos fazer isso, mas, em nosso mundo de ritmo aceleradíssimo, muitos de nós nunca paramos para refletir sobre o que está acontecendo em nosso interior. Contudo, a reflexão pessoal nos conduz apenas até aí. A escuridão de nosso interior torna-se bem visível quando a vemos em contraste com o brilho translúcido do próprio Deus. Em seu caderno particular no qual registrava suas reflexões teológicas, Jonathan Edwards anotou:

> Se pudéssemos contemplar a fonte infinita de pureza e santidade, e fôssemos capazes de ver a chama infinitamente pura que ela é e o brilho puro com que resplandece, de tal modo que os céus parecessem impuros em comparação a ela; e, depois, se contemplássemos um pouco da infinitamente odiosa e detestável impureza trazida e colocada em sua presença, não seria natural esperar que uma oposição inefavelmente vigorosa se levantasse contra ela? E a falta dessa oposição não seria indecente e chocante?[6]

Sentimos quão desesperada é nossa condição somente quando ela é comparada com a infinita beleza do próprio Deus. Quando uma pesca extraordinária de peixes levou Pedro a compreender que a pessoa que estava no barco era a Divindade santa encarnada, não deu um tapa nas costas de Jesus e lhe agradeceu pela boa pesca do dia. Pedro caiu com o rosto em terra. Suas palavras são impressionantes: "Senhor, retira-te de mim, porque sou pecador" (Lc 5.8).

Você já vivenciou isso? Sabe o que significa ver a si mesmo como impuro e vulnerável na presença da própria Santidade?

Não cresceremos — pelo menos, não de forma profunda — a menos que passemos pela dolorosa morte de sermos honestos a respeito de nossa própria falência espiritual. Na presença de um Deus cuja infinita beleza e perfeição expõem nossa pecaminosidade, temos de ver e sentir nosso vazio completo, bem como nossa rebelião e resistência inatas.

---

6 Jonathan Edwards, "Miscellany 779", em *The works of Jonathan Edwards*, vol. 18, *The "miscellanies"*, 501-832, ed. Ava Chamberlain (New Haven, CT: Yale University Press, 2000), p. 438.

O grande pré-requisito

Se você se sente paralisado, vencido por velhos padrões de pecado, use esse desespero para alavancar um senso saudável de futilidade pessoal, que é a porta pela qual você tem de passar, se quiser obter impulso espiritual. Permita que seu vazio o humilhe. Permita que o leve para *baixo* — não, porém, para você ficar lá, afundando-se em autopiedade, mas para perder o otimismo medíocre que nós, tão naturalmente, nutrimos em relação a nós mesmos.

Nos capítulos posteriores, chegaremos às contrapartes positivas para essa morte. Mas não podemos ignorar essa etapa. Esse é o grande pré-requisito para tudo o mais. O padrão da vida cristã não é uma linha direta para a vida ressurreta, mas uma curva que desce até a morte e, de lá, sobe até a vida ressurreta.[7] E isso significa que vivemos continuamente com um senso cada vez mais profundo de quão repreensíveis somos em nós mesmos. Foi perto do *fim* de sua vida que Paulo se identificou como o pecador mais premiado que conhecia (1Tm 1.15). Os octogenários mais piedosos que conheço são aqueles que veem a si mesmos como mais pecaminosos agora do que em qualquer outro momento. Eles conhecem o padrão saudável de verem a si mesmos como indivíduos desprovidos de esperança. Qual de nós seria capaz de se identificar com o que o pastor e compositor de hinos John Newton escreveu em uma carta de 1776 (aos 51 anos): "A vida de fé parece, em tese, tão simples e fácil que eu poderia recomendá-la aos outros em poucas palavras; mas, na prática, ela é muito difícil, e meus

---

[7] Veja Paul E. Miller, *J-Curve: dying and rising with Jesus in everyday life* (Wheaton, IL: Crossway, 2019).

avanços são tão lentos que, de modo algum, eu ousaria afirmar que avancei".[8]

Você já foi levado a não ter esperança no que é capaz de realizar em sua santificação? Em caso negativo, tenha coragem de olhar para si mesmo no espelho. Arrependa-se. Veja sua carência profunda. Peça ao Senhor que lhe perdoe a arrogância. À medida que você desce à morte, ao reconhecimento da futilidade da mudança interior que é capaz de realizar por seus próprios esforços, lá, lá mesmo, você descobrirá, em seu desânimo e em seu vazio, *que Deus vive*. É lá, naquele deserto, que Deus ama fazer as águas brotarem e as árvores florescerem. Sua desesperança é tudo de que ele precisa para operar em seu espírito. "Tão somente reconhece a tua iniquidade" (Jr 3.13). O que arruinará seu crescimento é você olhar de outra maneira, é evitar o olhar perscrutador da própria Pureza, é cobrir sua pecaminosidade e seu vazio com sorrisos e brincadeiras e, depois, avaliar novamente seus recursos pessoais, ignorando o que você sabe nas profundezas de seu coração: que você é ímpio.

Se você descender apenas um pouco na desesperança de si mesmo, ascenderá somente um pouco na escada do jubiloso crescimento em Cristo. "O índice de salubridade da fé de um homem em Cristo", escreveu J. I. Packer, "é a genuinidade do desespero pessoal que ela produz".[9] Não somente admita que sua condição é desesperadamente horrível. Sinta-a você mesmo. Reflita, calmamente, sobre quão vil você, quando entregue a si mesmo.

---

[8] *Letters of John Newton* (Edinburgh: Banner of Truth, 2007), p. 184; de modo semelhante, p. 212-13. De fato, esse é um tema repetido em todas as cartas de Newton.
[9] J. I. Packer, *A quest for godliness: the Puritan vision of the Christian life* (1990; reimpr., Wheaton, IL: Crossway, 2010), p. 170.

Em seu hino de 1799, "Pedi ao Senhor que eu cresça", Newton expressou com exatidão o modo como o crescimento espiritual vem *por meio do* desespero, e não quando o evitamos:

> Pedi ao Senhor que eu cresça
> Em fé, em amor e em toda graça;
> Conheça mais de sua salvação
> E busque solenemente a sua face.
>
> Foi ele quem me ensinou a orar,
> E, creio, ele tem respondido!
> Mas tem sido de uma maneira tal
> Que quase me levou ao desespero.
>
> Esperava que, em alguma hora favorável,
> Ele respondesse, de pronto, ao meu pedido;
> E, pelo poder do seu amor constrangedor,
> Subjugasse meu pecado, e me desse descanso.
>
> Em vez disso, ele me fez sentir
> Os males ocultos de meu coração
> E deixou que os furiosos poderes do inferno
> Assaltassem a cada parte de minha alma.
>
> Além disso, com sua própria mão, parece
> Que ele tencionou agravar minha aflição;
> Anulou todos os desígnios justos que planejei
> Destruiu meus recursos e me rebaixou.
>
> "Senhor, por que é assim", clamei em tremor?
> "Perseguirás o teu verme até à morte?"

"É dessa maneira", respondeu o Senhor,
"que respondo à oração por graça e fé."

"Emprego essas provações interiores
Para te libertar do ego e do orgulho
E quebrar os teus planos de gozo terreno,
A fim de que aches o teu tudo em mim".

Trilhe o caminho do verdadeiro crescimento com um desespero honesto, saudável e profundo.

Desmorone

Então, depois de haver perdido a esperança quanto à sua própria capacidade de produzir crescimento, o que fazer? Vez ou outra, durante a nossa vida — até mesmo hoje —, quando nos acomodamos de novo à nossa pecaminosidade, o que devemos fazer?

Não há nada nobre em permanecer num abismo de desespero. Temos de passar por essa experiência, mas não devemos permanecer lá. O desespero saudável é uma interseção, e não uma rodovia expressa; uma passagem, e não uma trajetória. Precisamos entrar lá, mas não ousamos lá permanecer.

Em vez disso, a Bíblia ensina que cada experiência de desespero deve levar-nos de novo à comunhão mais profunda com Jesus. É como pular em um trampolim: devemos descer sentindo novamente o nosso vazio, mas, em seguida, permitir que isso nos impulsione para cima, a novas alturas com Jesus. A Bíblia chama esse movimento de dois passos de arrependimento e fé.

Arrependimento é abandonar o ego; fé, por sua vez, é voltar-se para Jesus. Não podemos ter um sem o outro. O arrependimento que não se volta para Jesus não é um arrependimento verdadeiro; a fé que não abandona o ego antes de tudo não é fé verdadeira. Se estamos viajando na direção errada, a situação é corrigida quando fazemos uma conversão e, ao mesmo tempo, começamos a caminhar na direção certa. Esses movimentos acontecem simultaneamente.

Alguns cristãos, aparentemente, acreditam que a vida cristã é iniciada por um ato decisivo de arrependimento e, depois, dali em diante, nutrida pela fé. Mas, como ensinou Lutero, a vida inteira é arrependimento. A primeira de suas 95 teses diz: "Quando nosso Senhor e Mestre, Jesus Cristo, disse: 'Arrependei-vos' (Mt 4.17), ele queria que toda a vida dos crentes fosse uma vida de arrependimento". A vida cristã consiste em nos arrependermos *dos caminhos que ainda seguiremos*.

De modo semelhante, vivemos toda a nossa vida pela fé. Paulo não disse: "Fui convertido pela fé", mas: "Vivo pela fé" (Gl 2.20). Não começamos simplesmente a vida cristã pela fé; progredimos pela fé. É nosso novo normal. Processamos a vida e atravessamos essa existência mortal ao nos voltarmos, a cada instante, para Deus com confiança e esperança, em cada situação, em cada decisão, a cada hora que passa. Nós "andamos por fé e não pelo que vemos" (2Co 5.7). Ou seja, movemo-nos ao longo da vida com os olhos fitos sempre no alto. Nossa postura é a de esperar capacitação do alto.

Arrependimento e fé. Em uma palavra: desmorone.

Contudo, tanto o arrependimento como a fé nunca devem ser isolados do próprio Jesus. Ambos nos conectam a Cristo. Não são a "nossa contribuição", mas apenas os meios pelos quais chegamos à cura genuína: o próprio Cristo. Como Jack Miller disse sabiamente em uma carta que enviou em 1983 a um jovem amigo:

> Quando você se volta para Cristo, não tem um arrependimento separado de Cristo; você tem apenas Cristo. Portanto, não busque o arrependimento ou a fé por si mesmos; busque Cristo. Quando você tem Cristo, tem arrependimento e fé. Acautele-se de buscar uma experiência de arrependimento; busque apenas a experiência de Cristo.
>
> O diabo pode ser bem ardiloso. Ele não se importa com que você pense muito em arrependimento e fé, se não pensa muito em Jesus Cristo [...] Busque Cristo e se relacione com Cristo como um Salvador e Senhor amoroso que deseja convidá-lo a conhecê-lo.[10]

À medida que você desespera de si mesmo — em agonia por causa da desolação causada por seus fracassos, fraquezas e inadequações —, permita que esse desespero o leve a se aprofundar bastante em honestidade quanto a si mesmo; porque ali você encontrará um amigo, o próprio Senhor Jesus, que o deixará admirado e o surpreenderá com sua bondade gentil, quando, em arrependimento, você abandona o ego e, em fé, confia em Cristo de novo.

---

10 Em Barbara Miller Juliani, *The heart of a servant leader: letters from Jack Miller* (Phillipsburg, NJ: P&R, 2004), p. 244-45.

Capítulo 3
União

Já refinamos nossa visão a respeito de quem é Jesus e estabelecemos a contínua e salutar necessidade de perdermos a esperança em nós mesmos e de lançarmo-nos, em arrependimento e fé, repetidas vezes, nos braços desse Jesus. Mas esse Jesus permanece distante? Como realmente podemos acessá-lo? E qual é a natureza de nosso relacionamento com ele?

O Novo Testamento nos oferece uma resposta categórica. Aqueles que se lançam a Jesus com arrependimento e fé são unidos a ele, ligados a ele, são *um* com ele. Esse fato, e não a doutrina da justificação, ou da reconciliação, ou da adoção, ou qualquer outro ensino bíblico importante, é, de acordo com o Novo Testamento, o centro controlador do que significa ser cristão. O Novo Testamento se refere à nossa união com Cristo mais de duzentas vezes. Isso equivale aproximadamente a uma média acima de uma referência por página em muitas diagramações da Bíblia. Se um livro repete o mesmo tema a cada página, você não acha que esse é um assunto importante que o autor pretende comunicar?

Porém, o que isso tem a ver com nosso crescimento espiritual? Tudo. O antigo escritor Jeremiah Burroughs disse: "De Cristo, assim como de uma fonte, a santificação flui para a alma dos homens, isto é, a santificação deles não acontece como fruto de sua luta, de seus esforços, de seus votos e de suas resoluções, porque a santificação flui até eles a partir de sua união com Cristo".[11] Mas não pense que esse ensino procede dos puritanos. A doutrina da união com Cristo é o que a própria Bíblia identifica como a origem do crescimento cristão. Em Romanos 6, Paulo aborda a razão pela qual o Evangelho da graça não é um encorajamento ao pecado, apresentando a realidade da união do crente com Cristo:

> Permaneceremos no pecado para que seja a graça mais abundante? De modo nenhum! Como viveremos ainda no pecado, nós os que para ele morremos? Ou, porventura, ignorais que todos nós que fomos batizados em Cristo Jesus fomos batizados na sua morte? Fomos, pois, sepultados com ele na morte pelo batismo; para que, como Cristo foi ressuscitado dentre os mortos pela glória do Pai, assim também andemos nós em novidade de vida. Porque, se fomos unidos com ele na semelhança da sua morte, certamente, o seremos também na semelhança da sua ressurreição. (Rm 6.1-5)

A lógica dessa passagem é a seguinte: sim, mais pecado significa mais graça, e a graça de Cristo sempre ultrapassa nosso pecado. Isso não significa, no entanto, que os crentes pequem ainda mais. A graça de Cristo não é uma transação; em vez disso, ela vem até nós por meio da união. Quando Jesus desceu ao sepulcro, com o fim de morrer *pelos* nossos pecados,

---

11 Citado em Ernest F. Kevan, *The grace of law: a study in Puritan theology* (Grand Rapids, MI: Reformation Heritage, 1997), p. 236.

também descemos com ele, a fim de morrermos *para* nossos pecados. O que diríamos a um órfão adotado se ele saísse pela porta da mansão de sua nova família e fosse para a fila de cupons de um programa de assistência aos necessitados? Diríamos: "o que você está fazendo? Esse não é mais quem você é". Encontramos uma lógica semelhante em livros do Novo Testamento como Efésios e Colossenses.

Neste capítulo, consideraremos exatamente o que essa união com Cristo é e de que forma essa doutrina promove crescimento espiritual.

Deus em mim

Os cristãos entendem o crescimento espiritual basicamente de quatro maneiras distintas.[12] As três primeiras são mais ou menos comuns em diferentes partes da igreja. A quarta é o que a Bíblia nos ensina. Nós as chamaremos de:

1. Deus depois eu;
2. Deus, não eu;
3. Deus mais eu;
4. Deus em mim.

Uma mentalidade do tipo "Deus depois eu" crê que é Deus quem faz tudo para me salvar — abre meus olhos, me faz nascer de novo, me dá vida nova — e me dá um novo começo na vida, uma espécie de folha de papel em branco. Portanto, cabe a mim ocupar-me em servir a ele, mostrar-lhe quão grato sou por tudo que faz. A fé apenas me introduz, mas, depois, o

---

12 Tomei de Jerry Bridges essa categorização quádrupla, embora eu não me lembre do lugar exato onde a vi.

esforço é o que me move para a frente. Afinal, segundo ainda propõe essa maneira de pensar, já que somos habitados pelo Espírito Santo, devemos levar vidas radicalmente transformadas. O problema nessa abordagem é que ela não leva em consideração a presença constante do pecado na vida do crente, além de ignorar o abrangente tema bíblico da graça e da misericórdia de Deus, presenças constantes na vida do crente, que analisaremos em um capítulo posterior.

Outros, que se situam na segunda, categoria entendem o crescimento como "Deus, não eu". Isso é essencialmente o polo oposto em relação ao primeiro erro. A ideia aqui é que Deus me salva, mas, depois, a vida cristã é uma questão de Deus — e somente Deus — produzir o crescimento em mim. É uma mentalidade do tipo "deixe Deus agir", que aborda nossa agência humana como passiva, como se pudéssemos apenas esperar Deus agir em nós. Enquanto a primeira mentalidade é bastante otimista quanto ao que os crentes são capazes de fazer de acordo com suas próprias forças, a segunda é muito pessimista a respeito do que eles podem fazer em Cristo. Embora aquela enfatize a responsabilidade humana na santificação, negligenciando a soberania divina, esta enfatiza a soberania divina e negligencia a responsabilidade humana. Contudo, a Escritura fala da santificação como uma questão tanto de soberania divina como de responsabilidade humana.

Chamamos a terceira abordagem de "Deus mais eu". Essa está mais perto da verdade. A ideia aqui é que o crescimento cristão consiste em um esforço cooperativo. Deus faz algo; eu faço algo. Somos parceiros. Cada uma das partes contribui com algo. Se representarmos cada abordagem de crescimento como um círculo, a abordagem "Deus depois eu" tem o círculo totalmente cheio de mim; já o círculo "Deus não eu" é totalmente cheio de Deus, enquanto o "Deus mais eu" contém uma linha ondulada bem no meio, com uma metade cheia de Deus e a outra, de mim.

No entanto, a abordagem apropriada teria tanto Deus como eu enchendo totalmente o círculo. Os dois agentes se sobrepõem. Essa quarta abordagem é "Deus *em* mim". Deus faz tudo para me salvar e, depois, por meio de seu Espírito Santo (falarei mais sobre isso em outro capítulo), ele me *une* espiritualmente a seu Filho. O resultado é que, em nosso crescimento em santidade (como disse Edwards), "não somos meramente passivos; tampouco Deus faz algo, e nós fazemos o resto. Porém, Deus faz tudo, e nós fazemos tudo [...] Em diferentes aspectos, somos totalmente passivos e totalmente ativos".[13] Em outras palavras, essa abordagem mantém juntas a responsabilidade humana e a soberania divina na forma como, do ponto de vista espiritaul, nos movemos adiante.

A evidência bíblica

Considere como a Bíblia fala sobre nossa vitalidade espiritual. Observe a maneira como Deus é sempre exposto como supremamente responsável por nosso crescimento, mas nunca de uma maneira que anule nossos próprios esforços:

> Mas, pela graça de Deus, sou o que sou; e a sua graça, que me foi concedida,[14] não se tornou vã; antes, trabalhei muito mais do que todos eles; todavia, não eu, mas a graça de Deus comigo. (1Co 15.10)

---

13 Jonathan Edwards, "Efficacious grace", em *The works of Jonathan Edwards*, vol. 21, *Writings on the Trinity, grace, and faith*, ed. Sang Hyun Lee (New Haven, CT: Yale University Press, 2003), p. 251.
14 Essa expressão também poderia ser traduzida como "sua graça *em* mim".

> Assim, pois, amados meus, como sempre obedecestes, não só na minha presença, porém, muito mais agora, na minha ausência, desenvolvei a vossa salvação com temor e tremor; porque Deus é quem efetua em vós tanto o querer como o realizar, segundo a sua boa vontade. (Fp 2.12-13)
>
> Para isso é que eu também me afadigo, esforçando-me o mais possível, segundo a sua eficácia que opera eficientemente em mim. (Cl 1.29)

Seu crescimento espiritual é uma questão de graça divina. Você não pode alavancar a si mesmo para obter o crescimento. Você precisa ser elevado ao crescimento. Porém, a graça divina que produz mudança impulsiona e perpassa nossos esforços, pois estamos *no* Filho.

Salvo e seguro

Mas o que isso significa? O que significa estar unido a Cristo? Sem dúvida, esse é um conceito impreciso. Podemos imaginar um bebê canguru "na" bolsa de sua mãe. No entanto, em que sentido estamos "em" Cristo?

O primeiro fato digno de nota é a simples intimidade e segurança de ser cristão. Nosso crescimento cristão acontece na maravilhosa esfera da inevitabilidade, até mesmo da invencibilidade. Estou unido a Cristo. Nunca poderia ser desunido dele. A lógica das epístolas do Novo Testamento é que, para eu ser desunido de Cristo, sua ressurreição teria de ser desfeita. Ele teria de ser expulso do céu, para que eu também fosse expulso dele. Estamos bem seguros.

O pastor e teólogo escocês James Stewart (1896-1990) compreendeu, de forma correta, a centralidade da doutrina da união com Cristo e assim a explicou vividamente:

> Cristo é o novo ambiente do homem redimido. Ele foi elevado das restrições limitadoras de sua vida terrena para uma esfera totalmente diferente, a esfera de Cristo. Foi transportado para um novo solo e um novo clima. Tanto o solo como o clima são Cristo. O espírito do crente está respirando um elemento mais nobre. Está avançando numa esfera mais elevada.[15]

Se você é capaz de tolerar uma ilustração irreverente, pense em si mesmo como uma cebola. A casca exterior consiste em aspectos periféricos a seu respeito, aqueles que não são muito importantes: suas roupas, o carro que você dirige etc. Se você remover essa camada, o que há na sequência? Uma coleção de elementos levemente mais essenciais para sua essência: a família na qual você foi criado, seu perfil (ou personalidade), seu tipo sanguíneo, sua obra como voluntário. Remova essa camada. A camada seguinte são seus relacionamentos: seus amigos mais queridos, seus colegas da escola (se você é aluno), seu cônjuge (se você é casado). Remova essa camada. A próxima camada é aquilo em que você crê a respeito do mundo, as verdades que você ama nas profundezas de seu coração: quem você crê que Deus é, qual é seu futuro derradeiro, para que direção você acredita que a história do mundo se encaminha.

---

15 James S. Stewart, *A man in Christ: the vital elements of St. Paul's religion* (London: Hodder and Stoughton, 1935), p. 157.

A camada que se segue a essa inclui seus pecados, passados e presentes, os fatos sobre você que ninguém mais sabe.

Continue removendo, camada após camada, tudo aquilo que faz que você seja você. O que você encontra no âmago? Você está unido a Cristo. Essa é a realidade mais irredutível acerca de você. Removidas todas as outras camadas, a verdade sólida e inabalável a seu respeito é sua união com um Cristo ressuscitado.

Como poderia ser diferente? Afinal, não foi você quem planejou sua união com Cristo. Em 2 Timóteo 1.8-9, lemos sobre um "Deus, que nos salvou e nos chamou com santa vocação; não segundo as nossas obras, mas conforme a sua própria determinação e graça que nos foi dada *em Cristo Jesus*, antes dos tempos eternos". Não acordamos certa manhã, acessamos o *site* uniaocomcristo.com e clicamos em "sim". O que é mais profundamente verdadeiro no tocante a nós é que Deus nos tornou seguros *em* Cristo antes que tivéssemos ouvido falar *de* Cristo. É somente na tranquila segurança de sua união eternamente segura com Cristo que o verdadeiro crescimento pode florescer.

A dimensão macro

Mas ainda resta uma pergunta: o que essa união com Cristo *significa*? A resposta é que o Novo Testamento usa a linguagem de união com Cristo basicamente de duas maneiras.[16] Podemos chamá-las a macro e a microrrealidade da união com Cristo, ou a cósmica e a íntima, ou a federal e a pessoal.

---

16 Para uma abordagem rigorosa e técnica na forma de livro, especificamente concentrada nas cartas de Paulo, veja Constantine R. Campbell, *Paul and union with Christ: an exegetical and theological study* (Grand Rapids, MI: Zondervan, 2015). O autor fala dos quatro significados da linguagem do Novo Testamento sobre a união com Cristo.

A dimensão macro da união com Cristo é que ele é seu líder, de forma que, à medida que ele avança, você também avança. O destino dele é o seu. Por quê? Porque você está nele. Isso talvez pareça um pouco estranho, especialmente para os que vivem no Ocidente nos dias de hoje. Entretanto, para a maior parte das culturas em toda a história, inclusive nos tempos bíblicos, essa forma de pensar sobre um líder e seu povo era normal e natural. O termo formal para isso é "solidariedade coletiva". Talvez você já tenha ouvido alguém referir-se a Cristo como o cabeça "federal" dos crentes. Tanto esta última expressão quanto a anterior têm a mesma conotação. A ideia é que uma pessoa representa uma coletividade, e a coletividade é representada por essa única pessoa.

Vemos isso, por exemplo, em 2 Coríntios 5.14, que fala da obra de Cristo e de como se conecta conosco: "Um morreu por todos; logo, todos morreram" (2Co 5.14). Porque Cristo morreu e aqueles que estão unidos a ele compartilham seu destino, nós também morremos. Vemos a mesma lógica em Romanos 6: "Sabendo isto: que foi crucificado com ele o nosso velho homem [...] morremos com Cristo" (v. 6, 8).

Estar em Cristo, portanto, de maneira macro, cósmica ou federal significa que nosso destino está vinculado ao dele, e não ao de Adão. Em 1 Coríntios 15.22, lemos um resumo de toda a Bíblia em uma sentença curta: "Assim como, em Adão, todos morrem, assim também todos serão vivificados em Cristo". A alternativa a estar em Cristo é estar em Adão. Uma coisa ou outra. Não há uma terceira opção. Todo ser humano que está vivo hoje ou está em Adão, ou em Cristo. Essa é a realidade fundamental que define cada um de nós. Mesmo nos casos dos atletas mais famosos, dos ícones culturais e daqueles cujos fãs os tratam como deuses, o que é mais profundamente verdadeiro a respeito deles é que estão ou em Adão, ou em Cristo.

É possível sermos ainda mais específicos. A mensagem do Novo Testamento é absolutamente emocionante nesse aspecto e estimula profundamente nosso crescimento espiritual. Ao sermos transferidos do destino de Adão para o destino de Cristo, somos transferidos não apenas de uma *pessoa* para outra, mas também de um *âmbito* para outro. Quando Jesus Cristo ressuscitou dos mortos, a nova era que o Antigo Testamento havia antecipado irrompeu calmamente no cenário da história humana. Ser unido a Cristo como seu novo cabeça federal é ser colocado nesse novo âmbito. Se você é cristão, foi levado pela graça divina à nova ordem que os profetas predisseram. A nova criação já começou a despontar, embora esse não pareça ser o caso, já que a antiga era caída continua se desenrolando lado a lado com a nova era que já está raiando. Permanecemos como pecadores caídos. No entanto, nossa identidade básica, nossa localização fundamental, é a nova era, uma vez que estamos em Cristo. Cristo mergulhou na morte e saiu do outro lado para a nova criação emergente, e estar "em Cristo" significa que ele nos levou consigo. Uma tradução mais rigorosa de 2 Coríntios 5.17 seria: "Se alguém está em Cristo, nova criação". No texto grego, não há verbo. O que Paulo está dizendo é que, se você está em Cristo, foi levado para o Éden 2.0, a nova criação que irrompeu silenciosamente quando Cristo saiu do sepulcro.

À medida que você considera sua própria vida bagunçada e insignificante, examine bem quem você é. Observe a quem você pertence. Considere o fato de que a ressurreição de Cristo é a garantia de que, um dia, você também será fisicamente ressuscitado. Considere que você já foi espiritualmente ressuscitado (Ef 2.6; Cl 2.12; 3.1). Quando você peca, comporta-se em desarmonia com o que é. Está agindo como um órfão que, embora adotado, continua saindo de sua nova casa para a sarjeta, com o fim de mendigar pão, quando, na verdade, o estoque de comida na cozinha está completamente cheio e lhe pertence gratuitamente. Você está destinado à glória.

A dimensão micro

Há, porém, uma realidade mais íntima da nossa união com Cristo a que, por vezes, os autores bíblicos aludem. É difícil saber exatamente como expressá-la. A Bíblia usa imagens para comunicá-la, talvez porque essa realidade é mais bem compreendida por meio de comparação do que de definição. Temos imagens como a vinha e seus ramos, ou a cabeça e as demais partes do corpo, ou um noivo e sua noiva. Em todos os casos, há uma união orgânica e íntima, um compartilhamento de propriedades, uma unidade. A vinha dá vida aos ramos. A cabeça direciona e cuida das partes do corpo. O esposo alimenta e cuida de sua esposa, como o faz em relação ao seu próprio corpo (Ef 5.29).

Uma passagem é especialmente arrebatadora. Observe o que Paulo diz sobre nossa união com Cristo em 1 Coríntios 6, ao nos encorajar à pureza sexual:

> O corpo não é para a impureza, mas para o Senhor, e o Senhor, para o corpo. Deus ressuscitou o Senhor e também nos ressuscitará a nós pelo seu poder. Não sabeis que os vossos corpos são membros de Cristo? E eu, porventura,

> tomaria os membros de Cristo e os faria membros de meretriz? Absolutamente, não. Ou não sabeis que o homem que se une à prostituta forma um só corpo com ela? Porque, como se diz, serão os dois uma só carne. Mas aquele que se une ao Senhor é um espírito com ele. Fugi da impureza. (1Co 6.13-18)

Aqui, "Senhor" é uma referência a Jesus, e "membros" são as partes do corpo. Você percebe a lógica por trás da declaração de Paulo? Seu argumento é que estamos tão *unidos* a Cristo que, ao nos unirmos a uma prostituta, unimos Cristo a uma prostituta. Digo isso com cautela e reverência, mas tenho de lhe perguntar aquilo em que o texto insiste: você quer ser responsável por Jesus cometer fornicação? Cometer imoralidade sexual é, em virtude de sua união com Cristo, levá-lo a agir de modo semelhante. Não quero dizer realmente que podemos fazer o Cristo ressurreto pecar dessa maneira. Estou apenas observando o que o texto diz — "E eu, porventura, tomaria os membros de Cristo e os faria membros de meretriz?" — e observando quão vital, poderosa e íntima para Paulo devia ser nossa união com o Senhor Jesus, para ele dizer o que diz aqui.

No evangelho, a salvação é muito mais profunda, muito mais maravilhosa do que você responder a um apelo de ir até a frente do púlpito, ou levantar a mão, ou atender a um convite de salvação numa campanha evangelística. Sua salvação implica estar unido ao próprio Cristo vivo. É, como escreveu Scougal, "uma união da alma com Deus, uma participação real da natureza divina".[17]

---

17 Henry Scougal, *The life of God in the soul of man* (Fearn, Ross-shire, Scotland: Christian Focus, 1996), p. 41-42.

Talvez isso crie um problema em sua mente. Se todo cristão está unido ao mesmo Cristo, o que acontece com nossa individualidade? Todos nós começaremos a parecer cada vez mais uns com os outros, perdendo a personalidade individual que nos distingue? A resposta é que, em alguma medida, sim, começaremos todos a nos parecer mais com Cristo e, portanto, mais uns com os outros — cada um de nós exibindo mais amor, alegria, paz, paciência, bondade, benignidade, fidelidade e domínio próprio (Gl 5.22-23).

Mas, no que diz respeito à nossa distintividade pessoal, a glória da redenção cristã é que se trata de uma união com Jesus na qual recebemos de volta nosso verdadeiro eu. Começamos, finalmente, a nos tornar as pessoas que, de fato, fomos criados para ser. C. S. Lewis oferece uma analogia brilhante para esclarecer esse ponto de vista.[18] Se um grupo de pessoas sempre viveu nas trevas e, então, ouve que uma luz será acesa, para que sejam capazes de enxergar uns aos outros, elas podem muito bem opor-se, crendo que, se uma única lâmpada estiver refletindo a mesma luz sobre cada uma delas, todas parecerão idênticas umas para os outras. Todavia, obviamente, sabemos que a luz mostrará a distinção pessoal delas. A união com um único Cristo é semelhante a isso. Você recebe de volta seu verdadeiro *eu*. Torna-se aquele que foi destinado a ser. Recupera seu destino original. Compreende que sua existência sem Cristo era como uma sombra daquilo para o que você foi criado. Sua personalidade distintiva, seu verdadeiro *eu*, sua individualidade humana, estava em 2D quando você, retido em pecado, vergonha, medo e trevas, estava fora de Cristo. Agora que você está em Cristo,

---

18 C. S. Lewis, *Mere Christianity* (1952; reimpr., New York: Touchstone, 1996), p. 189.

encontra-se em 3D, livre para florescer. Em outras palavras, é somente em união com Cristo que você é capaz de crescer para ser quem Deus o criou para ser.

A doutrina geral

A esta altura, você pode estar se perguntando como a união com Cristo se harmoniza com os outros grandes e gloriosos quadros de nossa salvação — justificação, adoção e assim por diante. A resposta é que a união com Cristo é a doutrina geral que inclui todos os benefícios de nossa salvação. Quando somos unidos a Cristo, obtemos todos esses benefícios. João Calvino, nas *Institutas*, inicia sua discussão sobre salvação com as seguintes palavras: "Temos de compreender que, enquanto Cristo estiver fora de nós, e nós estivermos separados dele, tudo que ele sofreu e fez pela salvação da raça humana permanece inútil".[19]

Reflita sobre a rica variedade de maneiras como o Novo Testamento fala do nosso resgate em Cristo. Em cada uma das formas que menciono a seguir, identifico duas passagens que ensinam um aspecto da salvação e apresento entre parênteses o oposto dessa bênção (aquilo *de que* esse aspecto da salvação nos livra).

- Justificação — a metáfora do *tribunal* (Rm 5.1; Tt 3.7 — não mais condenados).
- Santificação — a metáfora do *culto* (1Co 1.2; 1Ts 4.3 — não mais impuros).

---

[19] John Calvin, *Institutes of the Christian religion*, ed. John T. McNeill, trad. Ford Lewis Battles (Louisville: Westminster John Knox, 1960), 3.1.1.

- Adoção — a metáfora da *família* (Rm 8.15; 1Jo 3.1-2 — não mais órfãos).
- Reconciliação — a metáfora do *relacionamento* (Rm 5.1-12; 1Co 5.18-20 — não mais *estranhos*).
- Lavagem — a metáfora da *limpeza física* (1Co 6.11; Tt 3.5 — não mais sujos).
- Redenção — a metáfora do *mercado de escravos* (Ef 1.7; Ap 14.3-4 — não mais escravizados).
- Compra — a metáfora *financeira* (1Co 6.20; 2Pe 2.1 — não mais em dívida).
- Libertação — a metáfora do *aprisionamento* (Gl 5.1; Ap 1.5 — não mais aprisionados).
- Novo nascimento — a metáfora da *geração física* (Jo 3.3-7; 1Pe 1.3, 23 — não mais inexistentes).
- Iluminação — a metáfora da *luz* (Jo 12.35-36; 2Co 4.4-6 — não mais cegos).
- Ressurreição — a metáfora do *corpo* (Ef 2.6; Cl 3.1 — não mais mortos).

A união com Cristo, a metáfora *orgânica* e *espacial*, é o quadro principal. Se você está em Cristo, recebe todos esses benefícios. É tudo ou nada. É por essa razão que Paulo diz que, por causa da obra salvadora de Deus, você está "em Cristo Jesus, o qual se nos tornou, da parte de Deus, sabedoria, e justiça, e santificação, e redenção" (1Co 1.30).[20]

---

20 Até mesmo a justificação, que, no mundo evangélico, tende a ser centralizada acima de outras realidades salvadoras, acontece somente em Cristo. "Aquele que não conheceu pecado, ele [Deus] o fez pecado por nós; para que, nele, fôssemos feitos justiça de Deus" (2Co 5.21). Em outra passagem, Paulo fala de querer "ganhar a Cristo e ser achado *nele*, não tendo justiça própria" (Fp 3.8-9). Em ambos os textos, o substantivo "justiça" possui a mesma raiz usada em "justificação".

A ênfase é que Jesus é o Salvador completo, poderoso e perfeito. Tudo que você precisa é estar nele, e isso acontece, de forma irreversível, na conversão, por meio da fé que se rende, submete-se e confia.[21]

Aprofundando-se

Neste capítulo, esforçamo-nos para deixar claro o que a Bíblia ensina sobre a união com Cristo. No entanto, o propósito de entender claramente as verdades da Bíblia é que nosso consolo e nossa alegria se elevem à medida que nos engolfamos na segurança tranquila de quem Deus realmente é e de quem somos.

Já nos aproximando do fim deste capítulo sobre a união com Cristo, quero pedir-lhe que deixe sua mente e seu coração se aprofundarem na realidade dessa verdade. Lembre-se: a ênfase deste livro é que o crescimento cristão não consiste sobretudo na tarefa de acrescentar, mas na de aprofundar. Se você está em Cristo, já tem todo o necessário para crescer. Você está unido a Cristo. Pelo Espírito Santo, você está nele, e ele, em você. Cristo é seu cabeça federal e seu companheiro íntimo. *Você não pode perder*. Você é inesgotavelmente rico, porque é um com Cristo, e ele mesmo é inesgotavelmente rico, o herdeiro do universo. Jonathan Edwards falou da união com Cristo com as seguintes palavras:

> Em virtude da união do crente com Cristo, ele possui, de fato, todas as coisas. Contudo, pode-se perguntar: como

---

21 Adolf Deissmann, alemão erudito em Novo Testamento, descobriu e mostrou, em um estudo original, que o elemento mais distintivo do cristianismo do Novo Testamento é o da união do crente com o Deus que ele adora (Deissmann, *Die neutestamentliche formel "in Christo Jesu"* [Marburg: Elwert, 1892]).

ele possui todas as coisas? Em que ele é melhor para ser digno disso? De que forma um cristão verdadeiro é muito mais rico do que as outras pessoas?

Para responder a isso, eu lhe falarei o que pretendo dizer com "possuir todas as coisas". Quero dizer que o Deus trino, tudo que ele é, tudo que possui, tudo que faz, tudo que fez e realizou, assim como todo o universo, os corpos e espíritos, o céu e a terra, os anjos, os homens e os demônios, o sol, a luz e as estrelas, os peixes e as aves, toda a prata e todo o ouro, os reis e os potentados são tanto do cristão quanto o dinheiro que está em seu bolso, as roupas que ele usa, a casa em que ele mora ou os alimentos que ele consome — sim, propriamente dele, vantajosamente dele, em virtude de sua união com Cristo; visto que Cristo, que possui todas as coisas, é inteiramente dele. Portanto, o cristão possui tudo, mais do que uma esposa possui a parte do melhor e mais estimado marido, mais do que a mão possui o que a cabeça dá. Tudo é dele.

Cada átomo no universo é controlado por Cristo em benefício do cristão, bem como toda partícula de ar ou cada raio do sol; para que ele, no mundo vindouro, quando chegar a vê-lo, sente-se e desfrute de toda essa imensa herança com uma alegria surpreendente e maravilhosa.[22]

Por que isso é verdadeiro a respeito de cada um de nós? Simplesmente, diz Edwards, porque estamos unidos a Cristo.

---

22 Jonathan Edwards, "Miscellany ff", em *The works of Jonathan Edwards*, vol. 13, *The "miscellanies", a-500*, ed. Thomas A. Schafer (New Haven, CT: Yale University Press, 1994), p. 183; linguagem ligeiramente atualizada.

Mergulhe nessa verdade. Deixe-a inundá-lo. O Filho divino, por meio de quem todas as coisas foram criadas (Cl 1.16), o qual sustenta "todas as coisas pela palavra do seu poder" (Hb 1.3), cujo cuidado e direção constantes sustentam toda a realidade molecular (Cl 1.17), é aquele a quem você foi unido. Não em virtude de qualquer atividade que você tenha realizado, mas apenas pela pura e poderosa graça de Deus, você foi incluso no triunfante e gentil governante do cosmos.

Portanto, *nada que não toque nele pode tocar em você*. Para chegar a você, cada dor, cada investida e cada desapontamento têm de passar por ele. Você está protegido por um amor invencível. Tudo que invade sua vida, não importando quão difícil seja, vem *do* e *por meio do* cuidado amoroso do amigo dos pecadores. Ele mesmo sente sua angústia muito mais intensamente do que você, porque você é um com ele. Ele faz acontecer tudo que é árduo em sua vida, já que o ama, já que você é um com ele. Imagine-se em um círculo no qual há uma parede invisível e impenetrável ao seu redor, uma esfera inacessível. No entanto, você não está em um círculo, mas em uma pessoa — *a* pessoa. Aquele diante de quem João se prostrou, enquanto se esforçava para encontrar palavras para descrever alguém cujos olhos eram "como chama de fogo [...] a voz, como voz de muitas águas" (Ap 1.14-15), tornou-se um com você. O poder do céu, o poder que trouxe galáxias à existência, o inseriu em si mesmo.

E você está ali para ficar. Em meio às tempestades de sua breve existência — os pecados e sofrimentos, os fracassos e as hesitações, a perambulação e a teimosia —, ele caminhará com você até o céu. Ele não apenas está com você; ele está em você, e você, nele. O destino dele é o seu agora. A união dele com você, tanto no nível macro como no micro, garante sua glória, seu descanso e sua tranquilidade no futuro. A certeza do que sua união com Cristo significa para seu futuro final é tão incontestável quanto a lei da gravidade.

Portanto, considere as trevas que permanecem em sua vida. A letargia espiritual. O pecado habitual. O ressentimento arraigado. Aquela área de sua vida em que você se sente mais derrotado. Seus pecados se avultam. Parecem insuperáveis. Entretanto, Cristo e sua união com ele são muito maiores. O alcance de sua união com Cristo é muito mais elevado do que o alcance do pecado em sua vida. Por mais profundo que seja seu fracasso, Cristo e sua união com ele são ainda muito mais profundos. Por mais forte o pecado pareça, o vínculo de sua união com Cristo é ainda mais forte. Viva o restante de sua vida consciente de sua união com o príncipe do céu. Descanse no conhecimento de que seus pecados e erros não podem jamais excluí-lo de Cristo. Permita que a consciência sempre crescente de sua união com Cristo fortaleça sua resistência ao pecado. Veja-a na Bíblia. Reflita sobre o incansável cuidado de Cristo por você. Você foi fortalecido com o poder para lutar contra o pecado e vencê-lo, pois o poder que ressuscitou Jesus dentre os mortos reside em você, vivo e ativo — o próprio Senhor Jesus Cristo reside em você. Você jamais poderá ser acusado de novo com justiça. "Agora, pois, já nenhuma condenação há para os que estão em Cristo Jesus" (Rm 8.1).

Obtenha forças de sua unidade com Jesus. Você não está mais sozinho. Não está mais isolado. Quando você pecar, não desista. Permita que ele o levante, firme seus pés novamente e renove sua dignidade. Ele ergue seu queixo, olha em seus olhos e define sua existência: "Vós, em mim, e eu, em vós" (Jo 14.20).

Capítulo 4
Amor

Os três primeiros capítulos lançaram o alicerce — a plenitude de Jesus Cristo (cap. 1), nosso vazio (cap. 2) e nossa união com Cristo (cap. 3). Agora, começamos a ingressar na dinâmica segundo a qual os crentes mudam de fato. Começaremos pelo amor de Deus.

Meu desafio, porém, não é convencê-lo de que Deus o ama. Você sabe bem disso e não poderia ser cristão sem saber disso. Meu primeiro desafio é convencê-lo de que o amor de Deus é muito maior do que, até agora, você o tem concebido. No final de seu livro, Jó disse:

> Eu te conhecia só de ouvir, mas agora os meus olhos te veem. (Jó 42.5)

É dessa experiência que muitos de nós precisamos para voltarmos a crescer na vida cristã. Se você está paralisado, se seu discipulado é não apenas marcado por um tropeço ocasional, mas também definido por isso, você precisa do que Jó experimentou. Você já ouviu do amor divino, mas agora precisa vê-lo. Dedique sua vida a contemplá-lo cada vez mais profundamente, cada vez mais extensivamente. O amor de

Deus não deve ser apenas algo de que você ouve, mas que também vê; não somente algo que você conhece, mas que também experimenta.

O que é o amor de Deus? Fazer essa pergunta é o mesmo que indagar: o que é Deus? A Bíblia diz não simplesmente que "Deus ama", mas também que "Deus é amor" (1Jo 4.8, 16). O amor, para o Deus da Bíblia, não é uma atividade entre outras. O amor define quem ele é mais profundamente. A realidade última não é o espaço vazio, frio e infinito. A realidade suprema é a fonte eterna de amor interminável e inextinguível. Um amor tão grande e tão livre que não pôde ser contido na alegria irrestrita do Pai, do Filho e do Espírito Santo, mas transbordou para criar e envolver os seres humanos finitos e caídos. O amor divino é inerentemente propagador, envolvente, inclusivo, transbordante. Se você é cristão, *Deus o fez para que pudesse amá-lo*. Deus o incluiu no amor. Essa é a razão de sua vida. Sei que você não sente isso, mas ele cuida mesmo disso. Deus quer que você conheça um amor que lhe pertence mesmo quando você se considera indigno e apático.

Neste capítulo, quero dizer-lhe que o amor de Deus não é algo que vemos e em que cremos de uma vez por todas, para, depois, avançarmos para outras verdades ou estratégias que promoverão nosso crescimento em Cristo. O amor de Deus é aquilo de que nos alimentamos durante toda a vida e mergulhamos cada vez mais profundamente nesse oceano interminável. Esse alimentar, esse mergulhar, é o que promove crescimento. *Crescemos em Cristo somente quando provamos seus braços a nos envolver* — seu abraço tenro, poderoso e irreversível que nos leva para junto de seu divino coração.

Talvez nenhuma outra passagem nos conduza tão profundamente ao infinito amor de Deus pelos pecadores confusos quanto Efésios 3. Deixe Efésios 3 ser um amigo forte e cordial a guiá-lo pela mão para a realidade mais estável, a qual se acha no centro do universo: o amor de Deus e de Cristo.

O incognoscível amor de Cristo

Paulo não fazia as orações tépidas que, com frequência, fazemos. Ele fazia orações do tamanho de Deus. Em uma das passagens mais espiritualmente cruciais de toda a Bíblia, Paulo roga ao Pai

> que, segundo a riqueza da sua glória, vos conceda que sejais fortalecidos com poder, mediante o seu Espírito no homem interior; e, assim, habite Cristo no vosso coração, pela fé, estando vós arraigados e alicerçados em amor, a fim de poderdes compreender, com todos os santos, qual é a largura, e o comprimento, e a altura, e a profundidade e conhecer o amor de Cristo, que excede todo entendimento, para que sejais tomados de toda a plenitude de Deus. (Ef 3.16-19)

Se tivéssemos de orar pedindo que essa realidade se fizesse presente em nossas vidas e nossas igrejas, qual história do céu contaríamos?

Qual exatamente era o motivo da oração de Paulo? Não que os efésios fossem mais obedientes ou frutíferos, ou que as falsas doutrinas fossem erradicadas, ou que eles crescessem mais profundamente em conhecimento doutrinário, ou mesmo que o Evangelho fosse propagado. Todos esses são bons assuntos para uma oração, assuntos pelos quais devemos orar. Mas, nessa passagem, Paulo está orando para que os efésios recebam poder sobrenatural — não poder para realizarem milagres, ou andarem por sobre as águas, ou converterem seus vizinhos —, mas poder do tipo que somente o próprio Deus pode dar, poder para que eles *saibam quanto Jesus os ama*. Não somente para terem o amor de Cristo, mas para *conhecerem* o amor de Cristo.

Qual é o estado de sua alma hoje, ao ler este livro? Considere sua própria vida espiritual. Pense em Cristo. Você conhece o amor dele? Lembre-se: Paulo escreveu Efésios para uma igreja, para crentes, para pessoas que, na conversão, de uma vez por todas, já haviam aceitado o amor de Jesus por elas. Apesar disso, Paulo ora para que conheçam o amor de Cristo. Aparentemente, há diferentes tipos de conhecimento do amor de Cristo. O versículo 19 diz literalmente: "conhecer o amor de Cristo que excede o conhecimento". Paulo está orando para que eles conheçam o que não pode ser conhecido. Lembre-se: "conhecer" na Bíblia não tem sentido meramente cognitivo. Trata-se de algo profundamente relacional. Até mesmo a intimidade sexual é descrita como um homem "conhecer" sua esposa. Conforme Jonathan Edwards, você pode "conhecer" o mel de duas maneiras distintas: conhecendo sua constituição química exata ou provando-o. Ambas são maneiras pelas quais podemos "conhecer" o mel, mas apenas a última é o conhecimento pelo qual o experimentamos.[23]

E aqui, em Efésios 3, Paulo está orando para que os crentes provem o amor de Cristo, para que o sorvam. Como a visão

---

23 Jonathan Edwards, "A divine and supernatural light", em *The works of Jonathan Edwards*, vol. 17, *Sermons and discourses, 1730-1733*, ed. Mark Valeri (New Haven, CT: Yale University Press, 1999), p. 414.

de Jó sobre Deus, o que Paulo pede é que nossa apreensão do amor de Cristo passe do áudio para o vídeo. É a diferença entre contemplar um cartão-postal de uma praia do Havaí e sentar-se em suas areias, semicerrando os olhos e absorvendo o calor do sol.

Afeição inabalável

O que é esse amor de Cristo?

Gentileza? Certamente, não. Esse é o Cristo que reservou um tempo para fazer um chicote e o usou para expulsar os cambistas do templo, virando as mesas.

É uma recusa de julgar as pessoas? De modo algum. As Escrituras falam do julgamento de Cristo como uma espada de dois gumes saindo de sua boca (Ap 1.16; 2.12).

O amor de Cristo é seu coração de afeição resoluta e inabalável pelos pecadores e sofredores — e *somente* pelos pecadores e sofredores. Quando Jesus ama, Jesus está sendo Jesus. Ele está sendo verdadeiro para com seus recônditos mais profundos. Ele não tem de ser incentivado para amar. Jesus é um rio cheio de amor que se acha represado, pronto para irromper torrencialmente sobre o mais tímido requerente. O amor é quem Jesus mais profunda e naturalmente é. Ao falar do amor de Cristo, o puritano John Bunyan declarou: "Nele, o amor é essencial ao seu ser. Deus é amor; Cristo é Deus; portanto, Cristo é amor, *naturalmente amor*. Ele jamais deixará de amar".[24]

Observe o que o texto de Efésios 3 diz. Paulo quer que os crentes compreendam "qual é a largura, e o comprimento, e a

---

24 John Bunyan, *The saints' knowledge of the love of Christ*, em *The works of John Bunyan*, ed. George Offer, 3 vols. (reimpr., Edinburgh: Banner of Truth, 1991), 2:17; ênfase original.

altura, e a profundidade" (v. 18). Mas do quê? Isso não é imediatamente óbvio. O que vemos, porém, é que Paulo prossegue e diz que deseja que os crentes conheçam "o amor de Cristo" (v. 19). Há um paralelo entre "compreender" e "conhecer":

- "compreender... qual é a largura, e o comprimento, e a altura, e a profundidade" (v. 18).
- "conhecer o amor de Cristo, que excede todo entendimento" (v. 19).

Esse paralelo nos leva a concluir que o próprio amor de Cristo é extenso em sua "largura, comprimento, altura e profundidade". Isso é impressionante porque somente uma realidade no universo é irrestrita, infinita e ilimitada — o próprio Deus.

Paulo está dizendo que o amor de Cristo é tão extenso quanto o próprio Deus. Podemos subestimá-lo. Sempre fazemos isso. Porém, nunca podemos superestimá-lo. "Sendo a sua essência amor", escreveu Jonathan Edwards, "ele é, por assim dizer, um oceano de amor sem praias, sem fundo e, além disso, sem superfície".[25] Diante do amor de Cristo, todo romance humano é apenas o mais tênue sussurro.

Cheios da plenitude

À medida que esse amor se torna real para nós — não meramente algo com que concordamos em tese, mas que é vívido para nós —, somos, de acordo com a Bíblia, "tomados de toda

---

[25] Jonathan Edwards, "The terms of prayer", em *The works of Jonathan Edwards*, vol. 19, *Sermons and discourses, 1734-1738*, ed. M. X. Lesser (New Haven, CT: Yale University Press, 2001), p. 780.

a plenitude de Deus" (Ef 3.19). Com a possível exceção de Colossenses 2.9-10 — "nele, habita, corporalmente, toda a plenitude da Divindade. Também, nele, estais aperfeiçoados" —, essa é, para mim, a afirmação mais formidável da Bíblia.

Quem somos nós — fracos, hesitantes, motivados por uma combinação de coisas — para que sejamos cheios da plenitude do próprio Deus? Como o barro pode ser cheio da plenitude do oleiro; a planta, da plenitude do jardineiro; a casa, do arquiteto? Que condescendência impressionante! Isso nos dignifica de maneira tão maravilhosa!

No entanto, isso não é algo que Deus condescende em fazer, como se tivesse o desejo de fazer alguma outra coisa. Encher seu povo caído com sua própria plenitude é o que ele se deleita em fazer. Isso está no centro, não na periferia, daquilo que o tira da cama de manhã, por assim dizer.

E como ele faz isso? Qual é o meio pelo qual ele nos enche de sua plenitude? A passagem nos diz: "Conhecer o amor de Cristo, que excede todo entendimento, para que sejais tomados de toda a plenitude de Deus". Conhecer o amor de Cristo é o meio, enquanto ser cheio da plenitude de Deus é o propósito.

Somos infundidos de plenitude, completude, resiliência e alegria divinas quando experimentamos o amor de Cristo. Não saímos e atingimos a plenitude divina. Nós a recebemos. Essa é a surpresa da vida cristã. Ganhamos impulso em nossa vida espiritual não apenas quando vamos trabalhar, mas na medida em que abrimos as mãos. A vida cristã é, de fato, uma vida de labuta e labor. Quem tentar lhe dizer o contrário é um falso mestre. Contudo, não podemos receber o que Deus tem para nos dar quando nossos punhos estão cerrados e nossos olhos, lacrados, estando nós concentrados em nosso próprio esforço. Precisamos abrir os punhos e os olhos e erguê-los em direção ao céu, a fim de recebermos o amor de Cristo.

Seu coração convicto, nosso coração convicto

Por isso, o que desejo lhe dizer neste capítulo é que seu crescimento em Cristo avançará à proporção de sua convicção, nas profundezas mais recônditas de seu coração, de que Deus o ama e de que ele o atraiu à região mais profunda de seu próprio coração. A afeição de Cristo pelos seus nunca diminui, nunca se deteriora, nunca esfria. A apatia não o define. Aquilo que mais causa medo a você apenas fortalece o desejo dele de abraçá-lo. Em nossa mais profunda vergonha e tristeza, essa é a condição em que Cristo mais nos ama. O antigo puritano Thomas Goodwin escreveu que "Cristo é amor coberto de carne".[26] Esse é quem ele é.

O amor divino não é cauteloso e calculista, como o nosso. O Deus da Bíblia é ilimitado. Quando estamos unidos a Jesus Cristo, nossos pecados não fazem o amor dele sofrer de frustração. Embora nossos pecados *nos* tornem mais miseráveis, também fazem o amor de Cristo avultar-se ainda mais. Cada poema comovente, cada história de resgate, cada romance que evoca anseios, cada leitura de Tolkien, Wendell Berry, John Donne e muitos outros que fazem as lágrimas brotarem — tudo isso é um eco do amor que está por trás de toda a história humana. Esse amor é o poder que trouxe à existência a ordem criada e, de forma ainda mais suprema, a você, o pináculo da

---

26 Thomas Goodwin, *The heart of Christ* (Edinburgh: Banner of Truth, 2011), p. 61.

criação. Ele o criou com o propósito de amá-lo. Ele o moldou com suas mãos, para colocá-lo em seu coração.

Um dia, você estará diante dele, quieto, sem pressa, tomado de alívio e firme sob a inundação da afeição divina, de uma maneira que nunca seremos capazes de experimentar nesta vida. Mas, enquanto isso não acontece, aquilo que nos sustenta neste mundo caído é esse amor e nosso conhecimento dele. Conhecer esse amor é o que nos atrai para Deus nesta vida. Podemos reverenciar a grandeza de Deus, mas ela não nos atrai para ele. É sua bondade e seu amor que nos atraem.

Em outras palavras, vamos nos deleitar no amor de Deus quando provarmos esse amor. Talvez o maior teólogo que já escreveu em língua inglesa tenha sido o puritano John Owen. Eis o que ele disse sobre a conexão entre nosso crescimento na graça e o amor de Deus:

> Deleitar-nos-emos em Deus à exata proporção que vislumbrarmos seu amor. Qualquer outra descoberta sobre Deus, sem isso, fará apenas a alma fugir dele; mas, se o coração for tomado pela eminência do amor do Pai, não será capaz de escolher algo além de ser subjugado, conquistado e fascinado por ele [...] Se o amor de um pai não faz um filho se deleitar nele, o que, então, fará?[27]

Quando digo aos meus cinco filhos novos que os amo, apenas dão de ombros e respondem: "Eu sei, papai". Mas eles não sabem. Eles creem que os amo, mas dificilmente o sabem. Não sou capaz de lhes dar um abraço suficientemente apertado.

---

27 John Owen, *Communion with the Triune God*, ed. Kelly M. Kapic e Justin Taylor (Wheaton, IL: Crossway, 2007), p. 128.

Não consigo dizer isso em voz suficientemente elevada. Não sou capaz de expressar isso com frequência suficiente. Tenho a bendita frustração de não poder comunicar-lhes quão preciosos eles são para mim.

Se isso é verdadeiro em nível humano, no que diz respeito a um pai pecador, como deve ser, em nível divino, o amor de Deus, que é um Pai gloriosamente santo?

Tendemos a pensar que corremos o risco de exagerar o amor de Deus por nós quando o recebemos na condição de seus filhos. Então, nós, tomando cuidado para não o exagerar, nos mantemos distantes, não querendo ser ousados demais. E se meus filhos agissem assim em relação a mim, mantendo-se à distância de meu amor? Isso partiria meu coração.

Não parta o coração de seu Pai. Abrace-o prontamente. Sorva-o. Permita que o fogo santo do amor de Deus arda intensamente em sua alma. Esse é o grande desejo de Deus.

Experimentando o amor divino

Mas como? Como podemos experimentar realmente o amor de Deus? Como podemos abrir as passagens de nosso coração para deixar o amor de Deus invadi-lo?

Não há um grande segredo aqui. Os cristãos têm dito a mesma verdade por dois mil anos. Experimentamos o amor de Deus quando olhamos para Jesus, e Deus derrama em nossa existência o Espírito Santo, que é, ele mesmo, o amor divino. Digo que o Espírito Santo é, ele mesmo, o amor divino porque Tito 3.5-6 diz afirma que Deus derrama em nós o Espírito Santo, enquanto Romanos 5.5 diz que Deus derrama (mesma palavra grega) em nós seu amor. Ambas as passagens descrevem a mesma experiência.

Quando digo "experimentar o amor de Deus", não falo meramente de emoções, embora nossas emoções, sem dúvida, também estejam envolvidas. Estou falando do que os cristãos mais antigos chamavam de "nossas afeições". Com isso, eles se referiam ao gozo íntimo que o coração sente, a vibração de alma que somente Deus dá, a calma jubilosa que envolve os que olham para ele.

Quando vemos mais claramente a segunda pessoa da Trindade — quem ele é e o que fez —, a terceira pessoa da Trindade cria em nós uma experiência do amor divino. Assim como o sol dá tanto luz como calor, você pode pensar no Filho como quem dá luz e no Espírito como quem dá calor. É essa experiência que torna o pecado feio aos nossos olhos e torna bela a retidão. É essa experiência que nos aprofunda na comunhão com Deus. É essa experiência que desarraiga o pecado.

Vemos isso em textos como 1 Coríntios 2.12: "Ora, nós não temos recebido o espírito do mundo, e sim o Espírito que vem de Deus, para que conheçamos o que por Deus nos foi dado gratuitamente". As palavras "o que foi dado gratuitamente" traduzem uma única palavra grega, que é a forma verbal da palavra "graça". O trabalho do Espírito é abrir nossos olhos para aquilo com o que fomos agraciados, ou seja, a obra expiatória do "Senhor da glória" (como a passagem acabou de identificá-lo; 1Co 2.8), Jesus Cristo. Ou, como o próprio Jesus diz em João 15, o Espírito "dará testemunho de mim" (v. 26). Retornaremos a essa obra do Espírito no capítulo 9, mas tenho de mencioná-la brevemente aqui, ao abordar a experiência do amor divino, visto que o Espírito é o agente por meio de quem isso acontece.

Olhe para Cristo e veja nele o amor de Deus manifestado. Como disse John Owen: "Exercite seus pensamentos no eterno, livre e frutífero amor do Pai e veja se o seu coração não será levado a se deleitar nele".[28] No entanto, em que lugar podemos olhar para Jesus, de modo que o Espírito Santo seja novamente derramado em nossa experiência real? Em uma Bíblia, quando a abrimos. Vemos Jesus andando pelas páginas dos evangelhos, mas, para além disso, vemos Jesus caminhando pelas páginas de toda a Bíblia, de Gênesis a Apocalipse; visto que toda a Bíblia possui um enredo único, o qual trata de nossa necessidade de um Salvador e da provisão dele por parte de Deus. Por isso, abra sua Bíblia e consiga bons livros que o ajudem a compreendê-la. Peça a Deus que se revele mais profundamente a você. Peça ao Pai que o conduza à clareza quanto ao Filho, de modo que você seja aquecido pelo Espírito.

D. L. Moody, o famoso evangelista de Chicago, ficou desanimado em seu ministério durante uma visita à cidade de Nova York. Enquanto estava lá, Moody teve uma experiência do amor divino de tal modo que, segundo ele próprio narrou, teve de pedir a Deus que detivesse sua mão. Bem, você diz, ele era um grande cristão. Tratava-se de Moody, o homem que levou milhares a Cristo! E quanto a mim, desordeiro e vacilante? Sou indigno de amor.

A resposta a esse tipo de raciocínio é que a consciência de sua indignidade é exatamente a razão pela qual você se qualifica para vivenciar Efésios 3 e o amor infinito de Jesus. Se você visse a si mesmo como amável, isso limitaria quão amado você poderia se sentir. Porém, por sua própria natureza, o amor

---

28 Owen, *Communion with the Triune God*, p. 128.

não depende da amabilidade do amado. Se você se sentisse amável, poderia até se sentir, em alguma medida, amado, mas não poderia admirar-se de quão grandemente amado você é. É precisamente a nossa desordem interior que torna o amor de Cristo tão surpreendente, tão chocante, tão cativante e, por isso mesmo, tão transformador.

A natureza surpreendente do amor de Deus é aquilo em que Jonathan Edwards pensava quando pregou:

> Aqueles que encontram Cristo [descobrem que], embora uma pessoa muito gloriosa e excelente, ele está pronto para receber essas criaturas pobres, indignas e odiáveis. Isso lhes era inesperado e os surpreende.
>
> Eles não imaginavam que Cristo seria esse tipo de pessoa, uma pessoa cheia dessa graça. Ouviram que ele era um Salvador santo e que odiava o pecado, mas não imaginavam que ele estaria tão disposto a receber criaturas vis e ímpias. Pensavam que, por certo, ele nunca se disporia a aceitar pecadores obstinados, ímpios culpados, pessoas com corações tão abomináveis.
>
> Todavia, mesmo em virtude disso, ele não titubeia, nem por um momento sequer, em recebê-los. Inesperadamente, eles o encontram de braços abertos para envolvê-los, pronto a esquecer para sempre todos os pecados deles, como se nunca tivessem existido. Descobrem que ele, por assim dizer, corre para se encontrar com eles e os torna muito bem-vindos, admitindo-os não somente como servos, mas também como amigos. Ele os levanta do pó e os coloca em seu trono. Torna-os filhos de Deus e lhes fala de paz; anima e revigora o coração deles. Admite-os em

união estrita consigo e lhes dá o mais jubiloso sustento, prendendo-se a eles como amigo para sempre.

Assim, eles ficam surpresos com o sustento que dele recebem. Nunca imaginaram que Cristo é uma pessoa cheia desse tipo de amor e graça. Isso está além de toda imaginação e concepção.[29]

Olhe para Jesus. Permita-se ser surpreendido pela forma tão espontânea e permanente como ele o recebe. Desfrute da serenidade de alma que surge quando o Espírito Santo volta a enchê-lo.

Obstáculos em conhecer o amor de Cristo

Mas, com frequência, isso não é tão simples assim, não é mesmo? Alguns de nós, não importando quanto tentamos, não importando quanto da Bíblia já lemos, consideramos a experiência do amor de Deus intangível.

Alguns de nós olhamos para a evidência de nossas vidas, conscientes da dor que temos suportado, e não sabemos como responder, senão com cinismo frio. "O amor de Cristo?", indagamos. "Isso é uma piada? Você está vivendo em outro mundo, Dane? Isso tudo parece ótimo em teoria, mas olhe para o fracasso de minha vida. Sei, nas profundezas de minha alma, que fui criado para ser um palácio magnífico e imponente. Porém, na verdade, sou uma pilha de destroços em razão da forma como os outros me têm tratado, prejudicado e vitimizado. Minha vida refuta o amor de Cristo."

---

[29] Jonathan Edwards, "Seeking after Christ", em *The works of Jonathan Edwards*, vol. 22, *Sermons and discourses, 1739-1742*; ed. Harry S. Stout e Nathan O. Hatch, with Kyle P. Farley (New Haven, CT: Yale University Press, 2003), p. 290; linguagem ligeiramente atualizada.

Se você tem pensamentos desse tipo quando ouve sobre o amor de Cristo, desejo que saiba que está olhando para a vida errada. Sua vida não *refuta* o amor de Cristo; *sua vida prova o amor de Cristo*.

No céu, o eterno Filho de Deus possuía uma magnificência própria de um palácio, se é que algo assim já existiu. Porém, ele se tornou um homem e, em vez de reinar com autoridade gloriosa, como se esperava do Deus que se tornou homem, foi rejeitado e morto. Sua própria vida foi reduzida a destroços. Por quê? Para que pudesse arrebatar a você, que é pecador, para as profundezas de seu coração e jamais permitir que saia dali, após haver satisfeito, com sua morte expiatória, a ira justa do Pai para com você.

Seu sofrimento não define quem você é. Jesus, sim. Você suporta a dor involuntariamente. Ele a suportou voluntariamente por você. A dor que você enfrenta tem a finalidade de impeli-lo a fugir na direção de Cristo e ir até o local onde ele suportou o que você merece.

Se o próprio Jesus se mostrou disposto a fazer um percurso descendente até o sofrimento de morte, você pode confiar tudo ao amor dele, enquanto passa por seus próprios sofrimentos em sua jornada ascendente para o céu.

Para outros, não é tanto o que eles têm recebido das mãos de outras pessoas, mas seu próprio pecado e sua própria insensatez que os fazem duvidar do amor de Deus. Você é um seguidor de Jesus e continua estragando tudo. Você se pergunta quando o reservatório do amor de Deus vai se esgotar.

Eis o que tenho a lhe dizer: você entende como Deus trata seus filhos que maltratam seu amor?

Ele os ama com todo o ardor.

Deus é assim. Ele é amor. É uma fonte de afeição. É incansável e incessante em nos receber em seu amor. Em uma carta de 1948 dirigida à sua igreja, o pastor escocês William Still escreveu: "Deus nunca se cansa de doar. Mesmo quando não somos gratos, ele doa, e doa, e doa novamente. Às vezes, quando outros entristecem Deus, como imaginamos, supomos que ele os visitará, os punirá e lidará severamente com eles. Em vez disso, ele os enche de mais provas ainda do seu amor".[30]

Permita que ele o ame novamente. Levante-se do chão, deixe de sentir dó de si mesmo e permita que o coração de Deus o mergulhe em seu amor, mais profundamente do que nunca.

Quer a ruína de sua vida seja fruto de sua própria realização, quer seja de outrem, quem está em Cristo nunca se afastou das cascatas do amor divino. Deus teria de deixar de ser Deus para que esse dilúvio se esgotasse. Você silenciou sua experiência do amor de Deus, mas não pode interromper o fluxo desse amor, assim como uma pedrinha não pode retardar o fluxo das Cataratas de Vitória, que têm 1.600 metros de largura e 110 metros de altura, enquanto os milhões de litros de água do Rio Zambeze colidem com os rochedos que estão no sul da Zâmbia.

Quer você tenha ignorado, negligenciado, desperdiçado ou compreendido mal esse amor, quer tenha se endurecido para ele, o Senhor Jesus Cristo se aproxima de você hoje não de braços cruzados, mas de braços abertos, na mesma posição em que foi pendurado na cruz, e lhe diz:

---

[30] William Still, *Letters of William Still: with an introductory biographical sketch*, ed. Sinclair B. Ferguson (Edinburgh: Banner of Truth, 1984), p. 35.

Nada disso importa agora. Não pense nisso outra vez. Tudo que importa agora somos eu e você.

Você sabe que é uma bagunça. Você é um pecador. Toda a sua existência tem sido construída ao redor de si mesmo.

Saia dessa tempestade. Deixe seu coração se abrir amplamente para a Alegria.

Fui punido para que você não tenha de ser punido. Fui preso para que você seja livre. Fui acusado para que você seja inocentado. Fui executado para que você seja absolvido.

E tudo isso é apenas o começo do meu amor. Isso provou meu amor, mas não é o final; é apenas o acesso ao meu amor.

Humilhe-se para recebê-lo.

Mergulhe sua alma ressequida no oceano do meu amor. Nele, você encontrará o descanso, o alívio, o acolhimento e a amizade pelos quais seu coração anseia.

A categoria mais abrangente de sua vida não é seu desempenho, mas o amor de Deus. A característica que define sua vida não é sua pureza, mas o amor de Deus. O destino mais elevado de sua vida é aprofundar-se cada vez mais calmamente, mas com uma intensidade sempre crescente, no infinito amor de Deus. Crescemos espiritualmente ao iniciarmos esse projeto o quanto antes, aqui mesmo nesta vida terrena caída.

Capítulo 5
Absolvição

Crescemos em Cristo à medida que, em vez de seguirmos em frente, nos aprofundamos no veredicto de absolvição que nos inseriu em Cristo no começo.

Em algumas partes da igreja, é comum pensar que a mensagem do Evangelho nos inicia na vida cristã, mas, depois, no tocante ao crescimento em Cristo, seguimos em frente, em busca de outras estratégias. Isso é um erro fundamental. Nunca cresceremos verdadeiramente se nos mantivermos nesse erro. Meu alvo neste capítulo é explicar que o evangelho não é um hotel pelo qual passamos, mas, sim, um lar no qual devemos viver. Não somente uma entrada para a vida cristã, mas também o caminho da vida cristã. Não os cabos elétricos que ligaram a vida cristã, mas o motor que mantém a vida cristã funcionando.

Poderíamos pensar da seguinte maneira: este é um livro sobre santificação. Como podemos avançar espiritualmente? Neste livro sobre santificação, o presente capítulo trata da justificação. A santificação é um crescimento gradual e vitalício na graça. A justificação, porém, não é um processo, mas um evento, um momento no tempo, o veredicto da absolvição legal proferido de uma vez por todas. Por que, então, estamos pensando sobre justificação em um livro sobre santificação? Eis a razão: *o processo de santificação é, em grande medida, alimentado pelo retorno constante, cada vez de forma mais profunda, ao evento da justificação.*

A princípio, isso talvez soe estranho. Não estamos regredindo quando buscamos crescer ao relembrar nossa justificação inicial? Não mais do que um passageiro que, ao ser questionado pelo cobrador, mostra a passagem que inicialmente lhe deu acesso ao trem. Essa passagem lhe deu acesso ao trem, mas também é o que o mantém no trem.

Entretanto, sejamos mais específicos, tendo em mente que o crescimento em Cristo é uma questão de transformação de dentro para fora, e não uma mera conformação comportamental que visa ao aspecto exterior. Poderíamos expressar o ensino deste capítulo em três sentenças:

1. A justificação ocorre de fora para dentro, e nós a distorcemos quando a imaginamos como um evento que se dá de dentro para fora.
2. A santificação ocorre de dentro para fora, e nós a distorcemos quando a imaginamos como um processo que se dá de fora para dentro.
3. A santificação, que ocorre de dentro para fora, é alimentada principalmente pela apropriação diária da justificação, que se dá de fora para dentro.

Justificação

Em primeiro lugar, a justificação ocorre de fora para dentro, e nós a distorcemos quando a imaginamos como um evento que se dá de dentro para fora.

Eis o que estou querendo dizer: a justificação é "de fora para dentro" no sentido de que somos justificados quando nos é dada a condição de justos, a qual vem até nós completamente de fora. A princípio, isso é estranho e difícil para nossa mente assimilar. A própria noção de condição de uma pessoa, isto é, a avaliação que dela se faz — se é culpada ou inocente —, depende de seu desempenho. Contudo, no Evangelho, recebemos o que os reformadores denominavam "justiça alheia", uma vez que a ficha de Jesus nos é atribuída. Naquilo que Lutero chamou de "troca feliz", recebemos a ficha justa de Cristo, e ele assume nosso histórico repleto de pecado. Da mesma forma, somos tratados como inocentes, enquanto Cristo foi tratado como culpado, levando nossa punição na cruz. Somos "justificados", ou seja, declarados sem falhas no que diz respeito ao nosso status legal. Apesar de sermos a parte ofensora, apesar de não termos, em nosso favor, argumento algum que se baseie em nossos próprios méritos, estamos livres para deixar o tribunal. E ninguém pode voltar a nos acusar. Só podemos receber esse veredicto justificador ao reconhecermos que não o merecemos e ao rogarmos que a ficha de Cristo substitua a nossa.

Resistimos a isso reiteradas vezes. Aceitar esse tipo de situação fere nossas intuições mais profundamente arraigadas a respeito de como o mundo funciona. Resistimos a isso não meramente porque fere nosso orgulho, embora isso seja verdadeiro. Mais profundamente, isso parece descartar nosso senso moral sobre quem nós somos e sobre como podemos nos sentir estáveis quanto ao nosso lugar no universo. O ensino da Bíblia sobre a justificação pela fé parece uma vertigem moral, como se para cima fosse para baixo, e vice-versa. Isso porque a Bíblia nos ensina a parar de fazermos o que é nossa inclinação habitual, isto é, olhar para dentro de nós mesmos para responder às perguntas: "Estou bem? Sou importante? Qual é o veredicto sobre a minha vida? Estou em paz com o meu Criador?".

Os grandes mestres do passado entendiam quão opostos somos a aceitar a surpresa da justificação. Essa é a razão pela qual o pastor escocês Robert Murray McCheyne disse: "A cada vez que você olhar para si mesmo, olhe dez vezes para Cristo".[31] É a razão pela qual John Newton disse que uma simples visão de Cristo "fará mais bem a você do que ficar absorto em suas próprias feridas por um mês".[32] E eles estavam apenas seguindo a orientação da Escritura: "Olhando para Jesus", como Hebreus 12.2 diz. Tendemos a olhar para dentro de nós mesmos para responder à maior questão de nossa alma: "Eu já acertei a minha situação com Deus?". É claro que não fazemos essa pergunta de maneira tão direta. Nós nos refugiamos na verdade da justificação — *na maior parte das vezes*, pelo menos —, enquanto nossos corações encontram meios sutis de minar o que nossas mentes confessam em teoria. Recebemos a verdade da justificação, mas a fortalecemos gentilmente por meio de nosso desempenho, em geral sem nos darmos conta, de forma consciente, do que estamos fazendo.

Todavia, fazer isso — ou seja, calmamente ratificar o veredicto divino de "não culpado" quanto a nós por meio de nossa própria contribuição — é destruir toda a doutrina da justificação e torná-la ineficaz em nossa vida diária. Fazer isso é, em termos bíblicos, "tornar a edificar" aquilo que destruímos

---

[31] Andrew A. Bonar, *Memoirs and remains of the Rev. Robert Murray McCheyne* (Edinburgh: Oliphant, Anderson, and Ferrier, 1892), p. 293.
[32] *Letters of John Newton* (Edinburgh: Banner of Truth, 2007), p. 380.

(cf. Gl 2.18), e o que destruímos foi nossa justiça própria e toda a futilidade de tentarmos estabelecê-la com base em nossos próprios recursos. Por que "tornar a edificá-la"? Isso seria como "anul[ar] a graça de Deus" (Gl 2.21). Fazer isso é transformar a justificação, que é uma verdade de fora para dentro, em uma verdade de dentro para fora. Assim, se a justificação estiver suscetível a qualquer colaboração nossa, perdemos totalmente o consolo que ela traz. Ela tem de ser tudo ou nada.

Santificação

Em segundo lugar, a santificação ocorre de dentro para fora, e nós a distorcemos quando a imaginamos como um processo que se dá de fora para dentro.

Em outras palavras, nosso crescimento em piedade funciona de maneira inversa à justificação, tanto na maneira como funciona quanto na forma como é arruinado. Em nossa justificação, nosso veredicto de absolvição legal tem de vir totalmente do céu até nós, depois de ter sido conquistado por alguém que está completamente fora de nós e com quem não contribuímos de forma alguma. Isso, porém, tem a ver com nossa *condição*. Trata-se do resultado objetivo do Evangelho. A santificação, por outro lado, implica mudança quanto à nossa maneira de *andar*, nossa santidade pessoal. Trata-se do resultado subjetivo do Evangelho. Isso tem de acontecer internamente.

E, assim como arruinamos o consolo da justificação quando a tornamos interna, também arruinamos a realidade da santificação quando a tornamos externa. Assim como somos tentados a fortalecer nossa justificação com a contribuição interna, também somos tentados a fortalecer nossa santificação com regras externas.

No entanto, o crescimento em piedade não é produzido por conformidade com qualquer código externo — sejam os Dez Mandamentos, sejam os mandamentos de Jesus, sejam regras autoimpostas, seja nossa própria consciência. Isso não significa que os mandamentos das Escrituras não sejam valiosos. Pelo contrário, eles são santos, justos e bons (Rm 7.12). Mas os mandamentos da Bíblia são o volante de seu crescimento, e não o motor. Eles são vitalmente instrutivos, mas, em si mesmos, não lhe dão o poder necessário para obedecer à instrução.

Pense em como crescemos espiritualmente. Não peço à minha filha de seis anos, Chloe, que pegue seu almoço e o esfregue em todo o seu corpo. O que lhe digo é que coma. O alimento precisa entrar nela, e não permanecer do lado de fora. Um dos grandes erros cometidos, geração após geração, na história da igreja é aplicar regras ao nosso comportamento e pensar que o comportamento externo é o que promove o crescimento espiritual ou mesmo o que o reflete acuradamente. Esse foi o erro dos fariseus — "limpais o *exterior* do copo e do prato, mas estes, *por dentro*, estão cheios de rapina e intemperança" (Mt 23.25). Eles são "semelhantes aos sepulcros caiados, que, *por fora*, se mostram belos, mas *interiormente* estão cheios de ossos de mortos e de toda imundícia" (Mt 23.27).

Ou considere uma das passagens mais chocantes do Novo Testamento. Antes de lê-la, permita-me perguntar-lhe: o que você pensa quando ouve a palavra *piedade?* Vou supor que ela não tenha a ver com o quadro que Paulo retrata em 2 Timóteo, ao mostrar como as pessoas serão no tempo entre a primeira e a segunda vinda de Cristo. Nessa passagem, Paulo apresenta a mais extensa lista de vícios do Novo Testamento:

Os homens serão egoístas, avarentos, jactanciosos, arrogantes, blasfemadores, desobedientes aos pais, ingratos, irreverentes, desafeiçoados, implacáveis, caluniadores, sem domínio de si, cruéis, inimigos do bem, traidores, atrevidos, enfatuados, mais amigos dos prazeres que amigos de Deus. (2Tm 3.2-4)

São dezoito males. A lista é assustadora em sua descrição crescente da impiedade.

Há, porém, uma décima nona característica nessa lista, uma última descrição da ruína espiritual em relação à qual a igreja tem de se acautelar: "Tendo forma de piedade, negando-lhe, entretanto, o poder" (2Tm 3.5).

Tendo forma de piedade. Aparentemente, ser egoísta pode parecer piedade. Ser avarento pode parecer piedade. Alguém pode ser cheio de orgulho e arrogância que são apresentados, o tempo todo, como piedade. Uma pessoa pode ser ingrata, impura, insensível e desagradável; contudo, para quem a observa do lado de fora, isso talvez pareça piedade.

A verdadeira santificação — o verdadeiro crescimento em santidade — é interna. Ela se *manifestará* no exterior: "Pelo fruto se conhece a árvore" (Mt 12.33). Edward Fisher, em seu famoso tratado puritano sobre a santificação, explicou que a conformação exterior a regras sem uma realidade interior que a nutra é o mesmo que regar toda parte de uma árvore, exceto suas raízes, esperando que ela cresça.[33] A realidade interior do cristão é o que define o verdadeiro crescimento em Cristo.

---

33 Edward Fisher, *The marrow of modern Divinity* (Pittsburgh: Paxton, 1830), p. 227 (parte 1, cap. 3, sec. 8: "Evan: 'A verdade é que muitos pregadores insistem mais no louvor de alguma virtude moral e protestam mais contra algum pecado de sua época do que insistem em que os homens creiam... como se um homem devesse regar a árvore inteira, e não as raízes'").

Santificação por justificação

Em terceiro lugar, a santificação, que ocorre de dentro para fora, é alimentada principalmente pela apropriação diária da justificação, que se dá de fora para dentro.

O veredicto de fora para dentro nutre o processo de dentro para fora. Você não pode forçar seu caminho para a mudança. Pode apenas ser moldado. Meditar sobre a maravilha do Evangelho — sobre a verdade de que somos justificados por olharmos não para nós mesmos, mas para a obra consumada de Cristo em nosso favor — enternece nosso coração. O labor da santificação se torna maravilhosamente calmo. O Evangelho é o que nos muda, e somente ele pode nos mudar, já que ele nos diz o que é verdadeiro a nosso respeito, antes que comecemos a mudar — e não importa quão lentamente a mudança ocorra. (Ao dizer isso, não pretendo destruir tudo que o Evangelho diz sobre justificação; o Evangelho é mais amplo do que justificação e inclui outras doutrinas gloriosas, como adoção, reconciliação, redenção e assim por diante. Porém, a justificação é o gume mais afiado do Evangelho, pois é a doutrina na qual a autêntica gratuidade da graça do Evangelho é exibida com mais clareza.)

Pensamos intuitivamente que o caminho para o crescimento é ouvir exortação. Isso é normal e natural para a mente humana. A exortação, de fato, ocupa um lugar importante. Precisamos dela. Não seríamos cristãos maduros se nunca pudéssemos ouvir os desafios e os mandamentos da Escritura. A Bíblia, no entanto, ensina que o crescimento espiritual saudável acontece somente quando esses mandamentos são dados aos que sabem que são aceitos e estão seguros, independentemente do grau de seu êxito na obediência. Em outras palavras e em harmonia com o argumento mais amplo deste livro, crescemos quando *nos aprofundamos* na justificação que nos perdoou no princípio da vida cristã.

Eis como o historiador eclesiástico e teólogo do avivamento Richard Lovelace expressou isso em sua obra clássica sobre a renovação espiritual:

> Boa parte do que consideramos um defeito na santificação das pessoas da igreja é realmente a consequência de sua perda de perspectiva a respeito da justificação. Os cristãos que não estão mais certos de que Deus os ama e os aceita em Jesus, a despeito de suas atuais realizações espirituais, são pessoas radicalmente inseguras em seu subconsciente — muito menos seguras do que os não cristãos, pois têm muita luz, de forma que descansar tranquilamente se torna difícil para elas. Elas estão expostas a incessantes boletins que recebem de seu ambiente cristão sobre a santidade de Deus e a justiça que deveriam ter.[34]

Essa necessidade de retornarmos constantemente à liberdade da doutrina da justificação tem de ser enfatizada porque a Queda nos capacita a fazer justamente o oposto. Nosso coração caído é propenso a examinar nosso estado de justificação com base na forma como nossa santificação está indo. Entretanto, crescemos em Cristo quando colocamos nossa santificação sob a luz de nossa justificação. O antigo pastor inglês Thomas Adam, que serviu a uma única igreja por 58 anos, refletiu sobre essa verdade em seu diário, que foi publicado em 1814, depois

---

34 Richard Lovelace, *Dynamics of spiritual life: an Evangelical theology of renewal* (Downers Grove, IL: InterVarsity Press, 1979), p. 211-12.

de sua morte. Ele a designou "santificação por justificação": "A justificação por santificação é o caminho do homem para o céu [...] A santificação por justificação é o caminho de Deus".[35]

De fato, poderíamos apresentar aqui muitos pensadores que, nos corredores da história da Igreja, ensinaram que avançaremos na vida cristã *não* por deixarmos no passado a verdade que inicialmente nos perdoou. Martinho Lutero definiu a santificação progressiva como "a doutrina da piedade que é causada pela justificação do coração".[36] Francisco Turretini ensinava que a "própria justificação (que traz a remissão dos pecados) não traz consigo permissão ou licença para pecarmos (como sustentavam os epicureus), mas deve acender o desejo por piedade e a prática da santidade [...] Portanto, a justificação está relacionada à santificação como o meio ao fim".[37] Thomas Chalmers pregou de forma esplêndida: "Quanto mais livre for o Evangelho, mais santificador ele será; quanto mais ele for recebido como uma doutrina da graça, mais será sentido como uma doutrina segundo a piedade".[38] Em sua obra clássica sobre a união com Cristo, James Stewart escreveu: "É o próprio veredicto justificador de Deus que santifica [...] É exatamente porque Deus não espera nenhuma garantia, mas perdoa por completo [...], que o perdão regenera, enquanto a justificação santifica".[39] O vigoroso reformado Herman Bavinck assim definiu a fé verdadeira:

---

35 Thomas Adam, *Private thoughts on religion* (Glasgow: Collins, 1824), p. 199.
36 Em Ewald M. Plass, *What Luther says: a practical in-home anthology for the active Christian* (St. Louis: Concordia, 1959), p. 720.
37 Francis Turretin, *Institutes of elenctic Theology*, ed. James T. Dennison, trad. George Musgrave Giger, 3 vols. (Phillipsburg, NJ: P&R, 1992–1997), 2:692-93.
38 Thomas Chalmers, "The expulsive power of a new affection", em *Sermons and discourses*, 2 vols. (New York: Robert Carter, 1844), 2:277.
39 James S. Stewart, *A man in Christ: the vital elements of St. Paul's religion* (New York: Harper & Row, 1935), p. 258-60.

Um conhecimento prático da graça que Deus revelou em Cristo, uma confiança sincera em que ele perdoou todos os nossos pecados e nos aceitou como seus filhos. Por essa razão, essa fé não apenas é necessária no começo da justificação, como também deve acompanhar o cristão durante toda a sua vida e desempenhar um papel insubstituível e permanente na santificação.[40]

O teólogo holandês G. C. Berkouwer argumenta, repetidas vezes, em todo o seu estudo sobre a santificação, que "o âmago da santificação é a vida que se alimenta da... justificação".[41]

Poderíamos também examinar as grandes confissões reformadas para encontrarmos um comentário semelhante. A Confissão Belga assevera que, "longe de tornar uma pessoa indiferente a viver de maneira piedosa e santa, essa fé justificadora, muito pelo contrário, opera neles a verdade de que, sem ela, jamais farão coisa alguma por amor a Deus, mas somente por amor a si mesmos e por medo de serem condenados" (artigo 24). Os Cânones de Dort falam da maneira como Deus preserva seu povo: "Assim como aprouve a Deus iniciar sua obra da graça em nós pela proclamação do Evangelho, também ele preserva, continua e completa sua obra ao ouvirmos e lermos o Evangelho, assim como quando meditamos nele" (5.14).

No entanto, o árbitro final em tudo isso não é nenhum personagem histórico ou credo, mas a Escritura. O exemplo mais admirável de como a liberdade de nossa salvação nos transforma está em Gálatas 2.

---

40 Herman Bavinck, *Reformed dogmatics*, vol. 2, *God and creation*, ed. John Bolt, trad. John Vriend (Grand Rapids, MI: Baker, 2004), p. 257.
41 G. C. Berkouwer, *Faith and sanctification*, trad. John Vriend, Studies in dogmatics (Grand Rapids, MI: Eerdmans, 1952), p. 93.

Justificação e temor

Qual é a lógica intrínseca segundo a qual um veredicto de absolvição nos muda de dentro para fora? O texto bíblico diz:

> Quando, porém, Cefas veio a Antioquia, resisti-lhe face a face, porque se tornara repreensível. Com efeito, antes de chegarem alguns da parte de Tiago, comia com os gentios; quando, porém, chegaram, afastou-se e, por fim, veio a apartar-se, temendo os da circuncisão. E também os demais judeus dissimularam com ele, a ponto de o próprio Barnabé ter-se deixado levar pela dissimulação deles. Quando, porém, vi que não procediam corretamente segundo a verdade do evangelho, disse a Cefas, na presença de todos: se, sendo tu judeu, vives como gentio e não como judeu, por que obrigas os gentios a viverem como judeus?
>
> Nós, judeus por natureza e não pecadores dentre os gentios, sabendo, contudo, que o homem não é justificado por obras da lei, e sim mediante a fé em Cristo Jesus, também temos crido em Cristo Jesus, para que fôssemos justificados pela fé em Cristo e não por obras da lei, pois, por obras da lei, ninguém será justificado (Gl 2.11-16).

Muito poderia ser extraído dessa fascinante interação entre Paulo e Pedro. Quero fazer apenas uma observação. Por que Paulo associou um conflito interno da igreja à doutrina da justificação?

Tendemos a pensar na justificação pela fé como uma verdade-chave que nos introduz *na* vida cristã. Por que Paulo foi à sua caixa de ferramentas teológicas e pegou essa doutrina para reparar um problema entre aqueles que já eram crentes?

Aqui, temos Paulo, um crente, escrevendo para os gálatas, que eram crentes, sobre um acontecimento que envolveu Pedro, um crente, por causa de seu afastamento dos crentes gentios, quando alguns crentes de formação judaica chegaram da parte de Tiago. É aqui, nesse conflito interno da igreja, e não em um discurso evangelístico em Atos, que temos o mais famoso versículo bíblico a respeito da justificação (Gl 2.16).

Por que a justificação? Por que Paulo não falou sobre a santificação? Ou sobre o Espírito Santo? Ou sobre a necessidade de amor?

Por que Paulo disse que a atitude de Pedro e de Barnabé ao se afastarem dos cristãos gentios não se deu "segundo a verdade do evangelho" (v. 14)? Por que Paulo não disse que eles não estavam andando "no Espírito" e que sua "conduta não se harmonizava com o crescimento que deveriam cultivar"? E esse não é um exemplo bíblico isolado. Em todo o Novo Testamento, os apóstolos insistiram em aplicar o Evangelho à vida dos crentes. Paulo disse aos cristãos romanos: "Estou pronto a anunciar o evangelho também a vós outros" (Rm 1.15). Ele exortou os cristãos de Colossos a viverem "alicerçados e firmes, não vos deixando afastar da esperança do evangelho" (Cl 1.23), além de ter lembrado aos crentes de Corinto que deveriam perseverar no Evangelho e retê-lo (1Co 15.1-2). Parece que os apóstolos consideravam o Evangelho não uma vacina de dose única que nos poupa do inferno, mas um alimento que nos sustenta em todo o caminho para o céu.

A chave para entender o que estava acontecendo entre os cristãos da Galácia é inserida no próprio final de Gálatas 2.12: "temendo os da circuncisão". O medo era a dinâmica em curso quando os crentes da parte de Tiago chegaram de Jerusalém, ocasionando que Pedro e Barnabé parassem de ter refeições com os crentes não judeus. Essa era a realidade que fervilhava por trás das ações de Pedro.

Medo de quê? Não de perseguição. Lembre-se: todos os presentes eram seguidores de Cristo. Levando em conta o escopo de todo o livro de Gálatas, Pedro deve ter ficado com medo de perder o mesmo que Paulo disse, no capítulo 1, não ter medo de perder: "Procuro eu, agora, o favor dos homens ou o de Deus? Ou procuro agradar a homens? Se agradasse ainda a homens, não seria servo de Cristo" (1.10). Pedro teve medo de perder a aprovação das pessoas.

Esse era um defeito concernente a seu crescimento contínuo na graça. Pedro era um seguidor de Cristo havia muitos anos. Seu problema era de santificação. Mesmo assim, Paulo aplicou a justificação a esse problema. Ele abriu a ferida de Pedro com a doutrina cirúrgica da justificação pela fé. Paulo foi à raiz e identificou a conduta de Pedro como desarmônica em relação ao Evangelho (2.14) e oposta à doutrina da justificação pela fé (2.16), porque *Pedro havia permitido que a aprovação das pessoas erodisse sua compreensão da aprovação que o Evangelho proporciona e do status inalterável que a justificação provê.*

Na conversão, entendemos o Evangelho pela primeira vez e sentimos o imenso alívio de sermos perdoados de nossos pecados e de recebermos um novo status na família de Deus. Aprendemos, pela primeira vez, que somos legalmente absolvidos, inocentes, livres para deixar o tribunal. Mas, na alma dos cristãos, permanecem regiões que continuam a resistir à graça do Evangelho, sem que sequer as notemos. Um dos aspectos vitais do crescimento em Cristo é retornar, de vez em quando, à doutrina da justificação para fazer a quimioterapia nos remanescentes tumores malignos de nosso anelo por aprovação humana. Em outras palavras, na conversão *saímos* do tribunal, mas, durante toda a nossa vida de discipulado, sofremos de amnésia evangélica, de forma que continuamos a *voltar* ao tribunal.

Em agosto de 2013, um jornal nigeriano publicou uma história que continha um relato do que exatamente todos somos propensos a fazer:

> Um presidiário protagonizou uma verdadeira farsa no Tribunal Federal de Owerri, depois que um juiz o absolveu de todas as acusações. Porém, ele recusou a liberdade e exigiu retornar à prisão. Em vez da alegria costumeira que se segue a qualquer sentença de inocentação e absolvição, o presidiário em questão se encaminhou diretamente para o presídio, sendo interceptado por um guarda, o qual o lembrou de que era livre e podia ir para casa. Para a decepção dos presentes, ele disse que não ia a lugar algum, exigindo que lhe fosse permitido reingressar na prisão.
>
> O que parecia um drama se tornou absurdo quando a tranquilidade das instalações do tribunal foi abalada pelos gritos e apelos do prisioneiro livre, o qual pedia que lhe fosse permitido retornar à prisão, enquanto se debatia e lutava com várias autoridades da prisão. De acordo com testemunhas oculares, foi necessário o esforço de mais de seis agentes, funcionários da corte e policiais a fim de levarem o presidiário para fora do tribunal.[42]

---

42 Veja "Home is where the heart is: freed inmate refused to leave prison", *360nobs*, 19 de julho de 2013, http://360nobs.blogspot.com/2013/07/home-is-where-heart-is-freed-inmate.html.

Essa é uma metáfora de todos nós. Somos livres, mas encontramos maneiras sutis de retornar à prisão da condição que nós mesmos estabelecemos diante do tribunal divino. Cristãos saudáveis se disciplinam para nunca cessarem de apertar a tecla "recarregar" na URL de seu status definitivo, o veredicto da absolvição final. Fomos "aprovados por Deus" (1Ts 2.4).

Compreendemos por que nosso estado de ânimo é tão frequentemente ditado pela forma como as pessoas reagem a nosso respeito? Por que nos sentimos tão inquietos quanto às notas na escola, ou acerca da opinião alheia sobre nosso trabalho, ou do que nossos parentes pensarão a respeito de nosso lar e de nossos filhos? Por que há aquela ansiedade pervasiva e de pavio bem comprido queimando dentro de nós sempre que estamos presentes em reuniões sociais? Entendo que, para alguns de nós, pode haver fatores psicológicos envolvidos. Por isso, não devemos ser tão simplistas aqui. Mas, em geral, o problema-raiz é que nos temos permitido, de uma forma imperceptível, que nos desviemos de uma compreensão profunda da doutrina da justificação. O medo surge em nosso horizonte mental quando Gálatas 2.16 se esvanece. Temos de compreender que o Evangelho é não apenas a porta de entrada para a vida cristã, mas também a sala de estar dela. A justificação não é uma vela de ignição que inflama a vida cristã, mas um motor que lhe dá poder ao longo de toda a viagem. Poucos de nós testemunhariam que já nos sentimos tentados a comer de acordo com as regulações dietéticas judaicas, a chamada *kashrut*, mas todos nós que conhecemos nosso próprio coração sabemos exatamente o que Pedro sentia em seu desejo de reter a aprovação dos outros e em seu medo de perdê-la.

O que todos tendemos a fazer é passar a vida acumulando o senso de quem somos a partir de um agregado do que pensamos que todos os outros pensam sobre nós. Seguimos a vida construindo um senso de ego por meio de todas as opiniões que chegam até nós. Nem mesmo percebemos que fazemos isso. Quando os outros são críticos, ou nos humilham, ou nos ignoram, ou nos ridicularizam, isso constrói nosso senso de quem somos e, inevitavelmente, nos molda. É por isso que temos de manter constantemente o Evangelho diante de nossos olhos. Quando o Evangelho se torna *real* para nós, a necessidade de aprovação humana perde sua força como que de vício em nosso coração, porque não mais colocamos a cabeça no travesseiro à noite tratando nosso senso de dignidade com o remédio da aprovação humana. A doutrina da justificação nos liberta não somente do julgamento de Deus no futuro, mas também do julgamento das pessoas no presente.

Ora, o que estou tentando dizer neste capítulo sobre "absolvição" é que, se anelamos pelo crescimento em Cristo, não ousamos fazer o que é tão natural para nós, a saber, *dizermos* que cremos que o veredicto a respeito de nossa vida está estabelecido definitivamente em nosso status de justificados diante de Deus, mas, depois, avançarmos para outras ideias e estratégias no que diz respeito à nossa vida emocional e às pressões diárias. Se fizermos isso, nossa vida ficará repleta de medo. Seremos paralisados pela ansiedade, pois temeremos que nosso deus funcional, em vez de nos justificar, nos condene, caso o decepcionemos. Tememos não ser bem-sucedidos em uma tarefa, ou não impressionar alguém que respeitamos, ou estragar um encontro, ou fracassar em um teste, ou errar o alvo. Fantasiamos quanto a sermos bem-sucedidos nessas situações da vida real e temos pesadelos com nosso fracasso. Por quê? Porque tratamos o Evangelho como a ignição, e não como a realidade sustentadora de nossa vida interior. Não estamos andando "segundo a verdade do evangelho". Não temos permitido que a natureza radioativa da doutrina da justificação pela fé destrua nossa necessidade patogênica de aprovação humana. Sentindo nossa própria insuficiência, estabelecemos nossas carreiras, nossos relacionamentos, nossos estudos, nossos discursos públicos, nossas habilidades atléticas como deuses funcionais para os quais olhamos em busca de justificação, *a fim de sabermos que estamos bem*.

Contudo, e se fôssemos à entrevista, à conversa, à sala de aula, ao jogo com a certeza de que já estamos bem? Já fomos justificados — não apenas teologicamente, mas também emocionalmente. Não apenas em nossa mente, mas também em nossa coragem. Seríamos transtornadores do mundo. Em 1925, de forma comovente, o falecido teólogo presbiteriano J. Gresham Machen disse:

> Não tenho vergonha de falar, mesmo neste tempo e nesta geração, sobre a "doutrina da justificação pela fé". Não se deve supor, porém, que essa doutrina seja obscura. Pelo contrário, ela está [...] imbuída de vida. É uma resposta à maior pergunta pessoal já feita por uma alma humana: "Como poderei me acertar com Deus? Como estou aos olhos de Deus? Com que favor ele olha para mim?".
>
> Temos de admitir que existem aqueles que nunca fazem essa pergunta; existem aqueles que estão preocupados com a sua situação diante dos homens, mas nunca com a sua situação diante de Deus; existem aqueles que estão interessados

no que "as pessoas dizem", mas não no que Deus diz. Esses homens, porém, não são os que movem o mundo. Eles tendem a seguir a correnteza. Inclinam-se a fazer o mesmo que outros. Não são os heróis que mudam o destino da raça.[43]

Justificação e idolatria

Aquilo sobre o que realmente temos falado é a idolatria, que é o reverso da justificação pela fé. A aprovação humana é um ídolo comum, mas olhamos para muitos falsos deuses em busca desse veredicto final, a fim de nos certificarmos de que estamos bem e somos importantes e de termos essa visão enganosa da alma. Eis algumas perguntas diagnósticas que expõem nossos ídolos:

- Para onde minha mente tende a vaguear quando estou deitado e acordado na cama?
- Em que costumo gastar minha renda disponível?
- O que me inclino a invejar em outras pessoas?
- Qual é a única coisa que, se Deus aparecesse para mim hoje e dissesse que eu nunca a teria, faria minha vida parecer sem sentido?
- Se sou casado, a que meu cônjuge diria que sou propenso a me entregar, fazendo-o sentir-se negligenciado?
- Como meu coração — não minha teologia, mas meu coração — frasearia o hino "Se _____, sou feliz com Jesus"?
- Há alguma coisa pela qual me pego orando e que não é prometida em passagem alguma da Bíblia?

---

43 J. Gresham Machen, *What is faith?* (reimpr., Grand Rapids, MI: Eerdmans, 1979), p. 163.

De maneira alguma, essas perguntas revelam necessariamente os ídolos em nosso coração. No entanto, elas têm o propósito de ajudar a trazer à luz o que pode estar competindo pela lealdade mais profunda de nosso coração e substituindo silenciosamente Cristo e o consolo abrangente do Evangelho. A idolatria é a insensatez de pedir uma dádiva para ser um doador.

Este é o ensino que desejo enfatizar: *essas são questões relacionadas à justificação*. Idolatria é simplesmente pseudojustificação. É pedir à criatura, e não ao Criador, que dê o veredicto a meu respeito. Nós pensamos: "se eu chegar a esse ponto, conseguirei o que quero; depois, poderei lidar com qualquer coisa". O problema é que, diferentemente do Evangelho, os ídolos alimentam uma "coceira" insaciável. Quanto mais nos coçamos, mais a coceira se propaga. Perseguir o ídolo faz com que ele continue se movendo para mais longe de nosso alcance. Naquele raro caso em que, de fato, alcançamos o ídolo pelo qual anelamos, ficamos admirados ao constatarmos quão vazio e superficial ele é. Todas essas pseudojustificações do mundo são brilhantes do lado de fora, mas trazem apenas miséria quando as alcançamos. Elas são como iscas: quando mordidas, trazem apenas sofrimento.

Qualquer pessoa que esteja remotamente em contato com a realidade anda neste mundo acuradamente cônscio da profunda insuficiência em seu interior, o senso de não estar à altura. Costumamos curar esse profundo e incômodo senso de insuficiência por meio de uma conta bancária gorda, um rosto perfeito, um corpo esculturalm, um grande número de seguidores nas redes sociais, uma boa reputação, um cônjuge bonito, amigos famosos, um senso de humor apurado, uma inteligência vistosa, manobras e vitórias políticas, façanhas sexuais e até mesmo um histórico moral de integridade. Sentimos nossa nudez e procuramos ser "vestidos" com essas realizações. Buscamos ser *justificados* por essas coisas. Assim como os gálatas afirmavam Cristo como seu Salvador, mas acabaram por incorporar discretamente a circuncisão como um aprimoramento da justificação, esvaziando o Evangelho de seu poder, também afirmamos Cristo como nosso Salvador, mas incorporamos discretamente nosso ídolo favorito, de maneira que esvaziamos o Evangelho de seu poder.

Todo ídolo é criação do homem. Toda falsa justificação é gerada por nós. Mas o próprio Deus veio até nós, trazendo-nos uma justificação de sua própria feitura. Trata-se do veredicto expiatório de Jesus Cristo. Podemos apenas recebê-lo. Fazer um acréscimo a esse veredicto é, portanto, diminuí-lo. Nós o recebemos simplesmente com uma postura sincera de fé confiante. Assim, Deus nos justifica — o próprio Deus. Nossa condição, nosso histórico, nossa identidade e nossa importância não estão mais em nossas mãos, nem mesmo um pouco.

Foi Martinho Lutero quem abriu meus olhos para isso. Mais de uma vez em seus escritos, ele ressalta que o primeiro dos Dez Mandamentos é a proibição da idolatria: "Não terás outros deuses diante de mim" (Ex 20.3). Lutero explica que o primeiro mandamento é, em essência, um chamado à justificação pela fé, ou seja, à justificação feita por Deus. Negativamente, devemos evitar a idolatria. Positivamente, devemos crer em Deus. Afinal de contas, um ídolo não é apenas uma questão do que adoramos, mas, ainda mais profundamente, uma questão daquilo em que *cremos* (Sl 115.4-8). Por consequência, não há quebra do segundo ao décimo mandamento sem, ao mesmo tempo, haver a quebra do primeiro. Cometer adultério é quebrar o primeiro e o sétimo mandamentos, visto que trair é fazer do sexo um ídolo em que cremos para nos satisfazer e completar. Dessa forma, não deixamos nossa existência, nossa justificação, nas mãos de Deus. Roubar é violar o primeiro e o oitavo mandamentos, pois deixamos de descansar na provisão de Deus quanto às finanças. Demonstramos, assim, que não exercemos fé somente nele. E assim por diante.[44]

Viva sua vida na plenitude de sua existência justificada. Honre o primeiro mandamento. Não seja um idólatra. Permita que Jesus Cristo o vista, dignifique e justifique. Ninguém mais é capaz disso.

Três últimos retratos

Tudo que eu disse neste capítulo foi razoavelmente teórico. Por isso, gostaria de concluí-lo mostrando de que forma a verdade que exploramos aqui foi experimentada de maneira profundamente pessoal por três personagens da história: Martinho Lutero (1483–1546), C. S. Lewis (1898–1963) e Francis Schaeffer (1912–1984).

Já mencionei Lutero algumas vezes neste capítulo, e você pode facilmente aterrissar em qualquer parte de seus escritos, começar a ler e, sem demora, vê-lo exaltando os consolos do Evangelho — em especial, a justificação — como ingredientes vitais para a vida e o crescimento cristão. Lutero viveu o começo de sua juventude como monge, orando, fazendo obra servical, buscando simplicidade, aspirando a esfregar sua

---

[44] Martin Luther, "A treatise on good works", em *The Christian in society I*, em *Luther's works*, ed. Jaroslav Pelikan and Helmut T. Lehmann, 55 vols. (Philadelphia: Fortress, 1955-1986), 44:30-34.

consciência até deixá-la limpa, enquanto também esfregava os assoalhos do monastério para deixá-los limpos. Ele não conseguiu. Ninguém consegue. A consciência está insatisfatoriamente necessitada do veredicto de plena absolvição, uma absolvição que se dê com base na obra consumada de Cristo e seja recebida pelas mãos vazias e ávidas da fé, sem qualquer contribuição humana.

Foi pelo estudo do Novo Testamento que o Evangelho se abriu para Lutero. Ele compreendeu o poderoso reflexo de buscar a justificação por meio das obras de justiça que o coração humano possui. Ele percebeu, com notável perspicácia, que todas as pessoas são predispostas a buscar, por meio de suas realizações, o fortalecimento do favor de Deus e que, por isso mesmo, não é somente de nossa malignidade que temos de nos arrepender, mas também de nossa bondade. Lutero considerou essa sutil e, ao mesmo tempo, profunda insistência em contribuirmos para nossa posição diante de Deus como uma atitude oposta à sua Bíblia, embora arraigada dentro dele mesmo e endossada pela Igreja Católica Romana.

Por exemplo, ao pregar sobre João 14.6 ("Eu sou o caminho"), Lutero disse:

> Cristo é não somente o caminho pelo qual temos de começar nossa jornada; ele é também o caminho certo e seguro no qual temos de andar até o fim. Não ousamos nos desviar desse caminho [...] Aqui Cristo quer dizer: "Quando você me apreende com fé, está no caminho certo, que é confiável. Mas cuide para permanecer e continuar nele". [...] Cristo

quer arrancar e afastar de nosso coração toda a confiança em qualquer outra coisa e nos fixar apenas nele mesmo.[45]

Entretanto, foi especialmente em seu comentário sobre Gálatas que Lutero discerniu e ensinou essa necessidade de permanecermos fixos na liberdade do Evangelho durante toda a vida. Em um comentário emblemático sobre Gálatas 1.6 ("Admira-me que estejais passando tão depressa daquele que vos chamou na graça de Cristo para outro evangelho"), Lutero disse:

> O assunto da justificação é instável — não em si mesmo, porque é bastante certo e seguro, mas em nós, dentro de nós. Eu mesmo tenho experimentado isso, pois, às vezes, luto com momentos de trevas. Sei quão frequente e repentinamente perco os raios do Evangelho e da graça. É como se densas nuvens de trevas os obscurecessem para mim. Por isso, sei do lugar escorregadio em que nos encontramos, ainda que sejamos experimentados e pareçamos estar bem seguros nas questões de fé [...] Portanto, toda pessoa fiel deve trabalhar com empenho para aprender e reter essa doutrina; e, para esse fim, devemos orar com humildade e sinceridade, além de meditar continuamente na Palavra.[46]

Muito menos conhecido é o despertamento para o Evangelho que C. S. Lewis experimentou já em sua maturidade. Muitos de nós sabemos de sua famosa conversão, de suas profundas realizações literárias, de sua extensa correspondência

---

45 Martin Luther, *Sermons on the Gospel of St. John 14-16*, em *Luther's works*, 24:47-48, 50.
46 Alister McGrath e J. I. Packer, ed., *Galatians by Martin Luther*, Crossway Classic Commentaries (Wheaton, IL: Crossway, 1998), p. 57-58.

e reuniões com os colegas de seu grupo de discussão literária, de seu anglicanismo de Alta Igreja[47] e de seu breve casamento. Todavia, será que também sabemos que a realidade do perdão do Evangelho o alcançou de uma forma decisiva e permanentemente transformadora?

Isso aconteceu em 25 de abril de 1951. Mais tarde, naquele mesmo ano, Lewis escreveu uma carta para o sacerdote italiano que iniciara uma troca de correspondências com ele, o qual havia lido uma tradução italiana de sua obra *Cartas de um diabo a seu aprendiz*. Como não sabia inglês, escreveu-lhe em latim uma carta de apreciação. Lewis, proficiente nesse idioma, recebeu a carta e respondeu-a, também em latim. Dessa maneira, os dois desfrutaram de uma troca de correspondências por vários anos. Em dezembro de 1951, Lewis escreveu para esse sacerdote:

> Ao longo do ano passado, uma grande alegria me sobreveio. Embora seja difícil, tentarei explicar isso em palavras. É surpreendente que, às vezes, cremos que cremos naquilo que, em nosso coração, não cremos realmente.
>
> Por muito tempo, pensava que cria no perdão dos pecados. Mas, de repente (no dia de São Marcos), essa verdade apareceu tão claramente em minha mente que percebi que nunca (mesmo depois de muitas confissões e absolvições) tinha crido nela de todo o coração.
>
> É enorme a diferença entre uma mera afirmação intelectual e a fé que se acha fixada no exato cerne, como se fosse palpável, a qual, segundo escreveu o apóstolo, era a *substância*.

---

47 N.E.: o anglicanismo de Alta Igreja é um movimento que propõe um apego aos padrões litúrgicos e eclesiológicos que a Igreja da Inglaterra tem tradicionalmente defendido.

> Talvez eu tenha sido agraciado com esse livramento em resposta às suas intercessões em meu favor!
>
> Isso me encoraja a lhe dizer algo que um leigo certamente não deveria dizer a um sacerdote, nem um novato a um ancião. (Por outro lado, *da boca de criancinhas*; de fato, como aconteceu a Balaão, *da boca de uma jumenta*!) É isto: você escreve demais acerca de seus próprios pecados. Acautele-se (permita-me, meu querido padre, dizer isso), para que a humildade não se transforme em ansiedade e tristeza. Somos ordenados a "alegrar-nos e alegrar-nos sempre". Jesus cancelou o escrito de dívida que era conta nós. Elevemos nosso coração![48]

Esse é um relato impressionante que lemos de Lewis, especialmente porque ele tinha 53 anos. Alguém poderia questionar se esse não foi nada além de um período momentâneo de renovada apreciação do Evangelho. Entretanto, uma leitura mais atenta de todo o volume das cartas que ele escreveu ao longo desses anos revela que esse foi um momento definidor em sua vida, porque, em suas cartas, ele retorna a essa experiência, mesmo depois de vários anos.

Em 1954, por exemplo, ele escreveu a uma "Sra. Jessup" sobre essa sua experiência de 1951 e a retratou como uma mudança revolucionária, "da mera aceitação intelectual para a compreensão da doutrina de que nossos pecados são perdoados. Isso talvez seja a coisa mais bendita que já me aconteceu. Conhecem pouco do cristianismo aqueles cuja história *termina* com a conversão".[49]

---

48 C. S. Lewis, *The collected letters of C. S. Lewis*, vol. 3, *Narnia, Cambridge, and joy, 1950-1963*, ed. Walter Hooper (San Francisco: HarperOne, 2007), p. 151-52.
49 Lewis, *Collected letters*, 3:425.

Em 1956, em uma carta endereçada a Mary Van Deusen, ele refletiu sobre o Evangelho, dizendo: "*Eu havia assentido com a doutrina anos antes e afirmava que cria nela. Depois, num dia bendito, de repente ela se tornou real para mim e fez o que eu anteriormente chamava de 'crença' parecer algo totalmente irreal*".[50]

Em 1958, escrevendo para Mary Shelburne, ele declarou: "Já era cristão muitos anos antes de crer *realmente* no perdão dos pecados ou, mais estritamente, antes de minha crença teórica se tornar realidade para mim".[51] Ele lhe escreveu novamente no ano seguinte e respondeu a um comentário que ela fizera sobre o difícil sentimento de que não somos dignos de ser perdoados:

> Você certamente não quer dizer: "sentindo que não somos *dignos* de ser perdoados"; visto que, por certo, não somos. O perdão é, por sua própria natureza, para os indignos. Você quer dizer: "sentindo que *não somos* perdoados". Conheço bem isso. Durante muitos anos, eu "cria" teoricamente no perdão divino, muito antes de ele se tornar real para mim. Quando ele finalmente se torna real, é, de fato, um momento maravilhoso.[52]

Tudo isso é extraordinário por duas razões. Em primeiro lugar, Lewis tinha apenas mais doze anos de vida quando passou por essa experiência, em 1951. Ele já tinha escrito a maior parte de seus livros. Mas foi a essa altura que o perdão dos pecados se tornou claro e compreensível para ele. Em segundo

---

50 Lewis, *Collected letters*, 3:751 — ênfase original.
51 Lewis, *Collected letters*, 3:935 — ênfase original.
52 Lewis, *Collected letters*, 3:1064 — ênfase original.

lugar, Lewis retornou a essa experiência repetidas vezes em sua vida. Não era uma doutrina de importância transitória; isso realmente marcou a vida de Lewis.

Francis Schaeffer, depois de sua conversão, teve uma experiência de descoberta do Evangelho semelhante a essa, embora, em seu caso, isso se tenha tornado *o* ponto de mudança de sua vida e de seu ministério. A experiência de Schaeffer, à semelhança da de Lewis, aconteceu em 1951, embora o pensador norte-americano fosse um pouco mais jovem na época (39 anos). Ele e sua esposa, Edith, moravam na Suíça. Ele assim descreve o que aconteceu:

> Enfrentei uma crise espiritual em minha própria vida. Eu me tornara um cristão, proveniente do agnosticismo, muitos anos antes. Depois disso, servi como pastor por dez anos nos Estados Unidos. Posteriormente, por vários anos, eu e minha esposa, Edith, começamos a trabalhar na Europa. Durante todo esse tempo, senti um forte dever de sustentar a posição cristã histórica e a pureza da Igreja. Gradualmente, porém, um problema me sobreveio — o problema da realidade. Ele apresentava duas partes: em primeiro lugar, parecia-me que, entre muitos dos que sustentavam a posição ortodoxa, via-se pouca realidade nas coisas que a Bíblia diz tão claramente ser o resultado do cristianismo. Em segundo lugar, aos poucos, foi crescendo em mim a sensação de que minha realidade era menos do que fora nos primeiros dias após me tornar cristão. Percebi que, honestamente, eu tinha de voltar e considerar de novo toda a minha posição.

Na época, morávamos em Champéry, e eu disse a Edith que, por honestidade, tinha de reconsiderar meu agnosticismo e refletir sobre toda a questão. Estou certo de que ela orou muito por mim naqueles dias. Quando o céu estava claro, eu caminhava pelas montanhas, enquanto, nos dias chuvosos, andava de um lado para o outro no palheiro do velho chalé em que residíamos. Andei, orei e refleti muito sobre o que as Escrituras ensinavam, revendo minhas próprias razões para ser cristão...

Investiguei o que a Bíblia diz sobre a realidade de um cristão. Gradualmente, dei-me conta de que o problema era que, em todo o ensino que eu havia recebido depois de me tornar cristão, ouvi muito pouco acerca do que a Bíblia diz sobre a obra consumada de Cristo para nossa vida presente. Pouco a pouco, a luz resplandeceu, e o canto brotou. De forma bem interessante, embora eu não tivesse escrito nenhuma poesia por muitos anos, naquele tempo de alegria e canto, vi a poesia voltar a fluir.[53]

Schaeffer ficara estagnado. Sua alegria ressecara, e ele estava questionando a viabilidade do cristianismo em um nível fundamental. O que o fez superar a situação? Revisitar o Evangelho — o Evangelho simples e justificador, o qual diz que somos absolvidos de nossa culpa de uma vez por todas exclusivamente com base na obra consumada de Cristo na cruz. Isso não apenas ajudou sua mente a se firmar filosoficamente quanto à verdade do cristianismo, como também fez sua vida florescer de novo. A poesia voltar a jorrar dele. Cor e beleza inundaram seu coração de novo. Essa experiência em

---

53 Francis A. Schaeffer, *True spirituality* (Carol Stream, IL: Tyndale, 1971), p. xxix-xxx.

sua própria vida, fundamentada na Bíblia, tornou-se central para seu ministério de ensino e discipulado mais amplo. Em seu livro fundamental sobre viver a vida cristã, *Verdadeira espiritualidade*, ele diz: "Tornei-me cristão de uma vez por todas com base na obra consumada de Cristo, por meio da fé. Isso é justificação. Porém, embora a santificação, isto é, a vida cristã, funcione com base nessa mesma realidade, ela se dá a cada instante".[54]

No que diz respeito a esses três homens, a realidade do Evangelho era uma verdade pessoal transformadora, e não apenas um assunto sobre o qual eles teologizavam. Escolhi deliberadamente esses três homens porque representam três correntes distintas no rio cristão. Um é alemão e pai do luteranismo; o outro é inglês e anglicano da ala da Alta Igreja; enquanto o terceiro é um presbiteriano norte-americano. Mais do que isso, eles fizeram contribuições distintas para a Igreja, com ênfases e aromas distintos no ministério de cada um. No entanto, cada um deles se viu retornando, em uma etapa pós-conversão, à verdade libertadora do mesmo Evangelho. Nisso, eles nos deixam um exemplo, não simplesmente para que os imitemos, mas também para que possamos ir à mesma fonte à qual eles recorreram — as Escrituras e o ensino bíblico sobre a absolvição divina por meio da obra de Jesus Cristo.

Você quer crescer em Cristo? Nunca deixe de estudar o Evangelho. Aprofunde-se sempre no Evangelho. A liberdade de sua justificação de fora para dentro é ingrediente crucial para nutrir sua santificação de dentro para fora.

---

54 Schaeffer, *True spirituality*, p. 70.

Capítulo 6
Honestidade

Até agora, pensamos no que acontece entre Deus e nós, quando o crescimento é fomentado. Mas, a essas realidades verticais, temos de unir a horizontal. Um cristão está conectado não somente com Deus, *acima*, mas também com outros cristãos, *para fora*.

De acordo com a Bíblia, um cristão independente é uma categoria ilógica. A Escritura chama os crentes de "o corpo de Cristo". Isso talvez seja uma metáfora familiar para muitos de nós, mas considere o que significa em si. Vivemos nossa vida em Cristo de uma maneira que é vital e organicamente unida a todos os outros crentes. Nós, que estamos em Cristo, estamos tão ligados a outros crentes quanto o tecido muscular, o qual, em um corpo saudável, não pode ser separado dos ligamentos. Quando você passa por outro crente no supermercado ou no saguão da igreja, é como a mão de um corpo a encontrar-se com o pé desse mesmo corpo, sendo ambos controlados por uma única cabeça. Eles podem ter gêneros distintos, etnias diferentes, personalidades diametralmente opostas e até setenta anos de diferença; contudo, estão muito mais conectados do que dois irmãos que pertencem à mesma família e etnia e compartilham do mesmo DNA, um dos quais está em Cristo, e o outro não. C. S. Lewis expressou isso com as seguintes palavras:

> Coisas que fazem parte de um único organismo podem ser muito diferentes entre si; por outro lado, coisas que não fazem parte de um único organismo podem ser muito semelhantes. Seis moedas de um centavo são bastante independentes umas das outras, mas muito semelhantes. Meu nariz e meus pulmões são muito diferentes, mas estão vivos apenas porque são partes do meu corpo e compartilham uma vida em comum. O cristianismo pensa nas pessoas não apenas como meros membros de um grupo ou tópicos de uma lista, mas como órgãos em um corpo — diferentes entre si, cada um contribuindo com o que o outro não pode.[1]

Uma das razões pelas quais os apóstolos falam dos cristãos como o corpo de Cristo é que querem comunicar que, assim como um corpo se desenvolve e amadurece, também os cristãos devem crescer e amadurecer: "Cresçamos em tudo naquele que é a cabeça, Cristo, de quem todo o corpo, bem-ajustado e consolidado pelo auxílio de toda junta, segundo a justa cooperação de cada parte, efetua o seu próprio aumento para a edificação de si mesmo em amor" (Ef 4.15-16).

A Bíblia tem muito a dizer sobre como devemos interagir uns com os outros como seguidores de Cristo, caso queiramos crescer. Neste capítulo, gostaria de enfatizar um ensino especialmente importante do Novo Testamento, a realidade coletiva mais importante para nosso crescimento em Cristo: a honestidade.

---

1 C. S. Lewis, *Mere Christianity* (1952; reimpr., New York: Touchstone, 1996), p. 161.

Andando na luz

Se eu o exortasse a andar "na luz", o que você pensaria instintivamente que estou falando? Pensaria que estou exortando-o a viver de forma moralmente pura? Isso seria uma expectativa lógica. Mas, se eu falasse de andar "na luz" como o apóstolo João o faz, estaria falando de algo bem diferente. Eis o que lemos em 1 João 1:

> Ora, a mensagem que, da parte dele, temos ouvido e vos anunciamos é esta: que Deus é luz, e não há nele treva nenhuma. Se dissermos que mantemos comunhão com ele e andarmos nas trevas, mentimos e não praticamos a verdade. Se, porém, andarmos na luz, como ele está na luz, mantemos comunhão uns com os outros, e o sangue de Jesus, seu Filho, nos purifica de todo pecado. Se dissermos que não temos pecado nenhum, a nós mesmos nos enganamos, e a verdade não está em nós. Se confessarmos os nossos pecados, ele é fiel e justo para nos perdoar os pecados e nos purificar de toda injustiça. Se dissermos que não temos cometido pecado, fazemo-lo mentiroso, e a sua palavra não está em nós. (1Jo 1.5-10)

O versículo-chave é o 7: "Se, porém, andarmos na luz, como ele está na luz, mantemos comunhão uns com os outros, e o sangue de Jesus, seu Filho, nos purifica de todo pecado".

Então, esse texto nos exorta à pureza moral? A Bíblia certamente diz isso. Ela nos ordena que sejamos "sinceros e inculpáveis" (Fp 1.10), que nos conservemos puros (1Tm 5.22), que sejamos sensatos e honestos (Tt 2.5). O próprio apóstolo João deseja isso para seus leitores: "Filhinhos meus, estas coisas vos escrevo para que não pequeis" (1Jo 2.1). À primeira vista, parece que esse é o ensino de João em 1.7, quando ele fala de andarmos na luz. Afinal, ele diz: "Se... andarmos na luz, *como ele está na luz...*" — ou seja, como Deus está na luz. Deus é moralmente puro. Por isso, certamente somos chamados a sermos puros como ele, certo?

Porém, o propósito desse texto é outro. João tem algo muito mais libertador a dizer. Andar na luz, nesse texto, é ter *honestidade em relação a outros cristãos*. Observe a ênfase dos versículos adjacentes. "Se *dissermos que não temos pecado nenhum*, a nós mesmos nos enganamos" (1.8). Depois, João fala de confessarmos nossos pecados, isto é, reconhecermos honestamente nossos erros: "Se *confessarmos os nossos pecados...*" (1.9). Em seguida, no versículo 10, ele retorna ao argumento apresentado no versículo 8: "*Se dissermos que não temos cometido* pecado, fazemo-lo mentiroso" (1.10). Aparentemente, andar na luz é confessarmos nossa pecaminosidade, enquanto andar nas trevas é ocultarmos nossa pecaminosidade. Nesse texto, andar na luz não é basicamente evitar o pecado, mas, sim, reconhecê-lo. Afinal, o próprio versículo 7 termina com a certeza de purificação no sangue de Cristo — um lembrete natural, caso "andarmos na luz", no começo do versículo, se refira ao ato de confessarmos nossos pecados.

Eis o que estou querendo dizer neste capítulo: você restringirá seu crescimento se não realizar, ao longo da vida, a obra dolorosa, humilhante e libertadora de trazer alegremente seus pecados das trevas do sigilo para a luz do reconhecimento diante de um irmão ou irmã em Cristo. Nas trevas, seus pecados se inflamam e crescem em vigor; na luz, eles definham e morrem. Em outras palavras, andar na luz é ter honestidade para com Deus e os outros.

A reflexão clássica sobre andar na luz é a do livro *Vida em comunhão*, de Dietrich Bonhoeffer. Ele intitula um capítulo de "Confissão e comunhão", porque seu interesse é demonstrar a ligação vital entre essas duas realidades horizontais. Ele inicia o capítulo dizendo:

> Aquele que está sozinho com seu pecado está completamente sozinho. Pode acontecer que cristãos, apesar da adoração coletiva, da oração comum e de toda a comunhão no culto, ainda permaneçam em sua solidão. O avanço final à comunhão não acontece, visto que, embora tenham comunhão uns com os outros como crentes e como pessoas devotas, eles não têm comunhão como não devotos, como pecadores. A comunhão dos piedosos não permite que ninguém seja pecador. Por isso, todos têm de ocultar seu pecado de si mesmos e da comunhão. Não ousamos ser pecadores. Muitos cristãos ficam horrorizados quando um pecador genuíno é descoberto entre os justos. Por isso, permanecemos sozinhos em nosso pecado, vivendo em meio a mentiras e hipocrisia.[2]

Nosso crescimento em Cristo se estagna quando nos rendemos ao orgulho e ao temor e quando ocultamos nosso pecado. Crescemos quando admitimos que somos pecadores genuínos, não pecadores teóricos. Todos nós, como cristãos, reconhecemos, em geral, que somos pecadores. Raro é o cristão que se abre para outro cristão a respeito de *como* exatamente é um pecador. Contudo, a vida floresce nessa honestidade.

---

2 Dietrich Bonhoeffer, *Life together*, trad. J. W. Doberstein (New York: HarperCollins, 1954), p. 110.

Dois tipos de desonestidade

Há duas maneiras de sermos desonestos com nossos irmãos em Cristo: a desonestidade explícita e a desonestidade implícita. A desonestidade explícita é mentir deliberadamente — dizer a alguém que você memorizou tudo de Romanos, quando, na verdade, não memorizou um único versículo sequer.

Mas há também a desonestidade implícita, que é muito mais sutil e mais comum. Essa é a projeção pessoal que traz uma aparência de sucesso moral, quando a verdade é muito diferente. Andar na luz é a alternativa a esse segundo tipo. Andar na luz é matar o orgulho e o exibicionismo, é fazer a máscara cair, é tirar o verniz, é acabar com as aparências. É, por fim, humilhar-se em transparência.

Tudo em nós resiste a isso. Às vezes, temos a impressão de que preferiríamos morrer. De fato, andar na luz é um tipo certo de morte. Sentimos como se toda a nossa pessoa, todo o nosso eu, estivesse se desintegrando. Estamos perdendo nossa aparência impressionante na frente de outro cristão. "Na confissão de pecados concretos, o velho homem morre uma morte dolorosa e vergonhosa perante os olhos de um irmão", escreveu Bonhoeffer.[3] Mas o que você diria a um bebê que tem pavor de nascer, desejando permanecer no calor e na escuridão do ventre materno, recusando-se a sair para a luz? Você diria: "se você permanecer aí, morrerá. O caminho para a vida e crescimento é sair para a luz".

Alguns de nós estamos fatigados com nossa vida cristã, cansados e desanimados, vazios e com pouquíssimos recursos. Apesar de termos uma forte teologia do Evangelho, estamos

---

3 Bonhoeffer, *Life together*, p. 114.

engatinhando, e não crescendo de fato. Seria esse o caso por nunca termos escalado 1 João 1.7? Estamos tentando desenvolver-nos espiritualmente nas trevas? Há alguém em sua vida que sabe que você é pecador não somente de maneira geral, mas também de maneira específica; não apenas no abstrato, mas também no concreto? É apavorante abordar esse ponto com outro irmão ou com outra irmã, mas uma cirurgia também é apavorante. Entretanto, não vale a pena passar pela cirurgia por causa da cura, da restauração, da vida e da saúde que nos esperam no outro lado?

Objeções

Neste ponto, algumas questões podem surgir.

Não temos de confessar nossos pecados somente a Deus? Em nenhuma parte desse texto somos explicitamente ordenados a confessar nossos pecados uns aos outros. Outras passagens da Bíblia dizem isso de forma explícita: "Confessai, pois, os vossos pecados uns aos outros" (Tg 5.16). A única passagem em 1 João 1 que nos instrui a "confessar" é o versículo 9, que parece referir-se à confissão a Deus, e não aos outros: "Se confessarmos os nossos pecados, ele é fiel e justo para nos perdoar os pecados e nos purificar de toda injustiça".

Certamente, 1 João 1 inclui a confissão a Deus. Isso é fundamental. Ele é aquele com quem nos relacionamos mais profundamente. Mas não existe nenhuma maneira de darmos sentido a todo o fluxo da passagem e da linguagem de relacionamento interpessoal se andar na luz não for, além disso, uma questão horizontal. O versículo não diz: "Se, porém, andarmos na luz, como ele está na luz, o sangue de Jesus, seu Filho, nos purifica de todo pecado". O versículo diz: "Se, porém, andarmos na luz, como ele está na luz, *mantemos comunhão uns com os outros*, e o sangue de Jesus, seu Filho, nos purifica de todo pecado". Andar na luz gera profundidade de comunhão com os irmãos em Cristo.

Outra pergunta possível é: 1 João 1.7 está dizendo que preciso expor toda a minha roupa suja para cada irmão em Cristo com quem eu me deparar?

Não, certamente não. Isso seria focalizar-se em si mesmo e também seria *falta de* amor, além de se tratar de uma situação desgastante e bizarra. Esse texto nos direciona não à vulnerabilidade exaustiva, mas à vulnerabilidade redentora. No entanto, com certeza, no caso da maioria de nós, o grande problema é que pouco confessamos nossos pecados uns aos outros, e não que os confessamos demais. Certamente não quero criar um sutil e novo legalismo, segundo o qual começaremos a crer que Deus retém seu perdão para nós até que sejamos suficientemente honestos com outros crentes. Isso seria justiça por obras e a perda do próprio Evangelho. Porém, e se cada um de nós resolvesse encontrar uma pessoa — alguém do mesmo gênero, para evitar qualquer possibilidade de apegos não saudáveis — que soubesse quem realmente somos, por dentro e por fora? Sem fingimento, sem joguetes, sem ludíbrios, sem nada de impressionante.

Outro obstáculo ao que estou dizendo pode ser expresso nas seguintes palavras: "Mas, Dane, logo que confesso meu pecado a outro ser humano, inicia-se o cronômetro. Não consigo viver com esse tipo de pressão".

Claro que não. Quem conseguiria? Se esperamos uns dos outros que cada um comece a mudar imediatamente, assim que um pecado é trazido à luz, aniquilamos todo o objetivo da confissão mútua. Deus não estende o perdão a nós verticalmente com um cronograma anexo. Por que, então, estabeleceríamos um cronograma uns para os outros horizontalmente? Com certeza, queremos sentir a urgência da necessidade de crescimento; a alegria, a prosperidade e a própria saúde da alma do pecador estão em jogo. Mas nenhum de nós cresce por meio de pressão. É a própria ausência de pressão que cria ambiente fértil para matar o pecado e nutrir o crescimento.

Eis o que acontece quando começamos a ser honestos, ainda que com uma única pessoa. Os dois círculos do que sabemos que nós mesmos somos e do que apresentamos de nós mesmos se sobrepõem. Em vez de o Dane privado ser uma pessoa e o Dane público ser outra pessoa, passa a haver apenas um Dane. Nós nos tornamos um todo. Integrados. Fortes. Por outro lado, manter as aparências é estilo de vida extenuante.

A honestidade de uns para com os outros apresenta muitos resultados poderosos. O versículo que estamos abordando menciona dois:

1. Temos comunhão uns com os outros;
2. O sangue de Jesus, seu Filho, nos purifica de todo pecado.

Vamos considerá-los nessa ordem.

Comunhão uns com os outros

Oh! A infelicidade da solidão! Fomos criados para nada menos que uma existência de reciprocidade. Os incrédulos podem desfrutar apenas de uma sombra tênue dessa realidade. No entanto, aqueles de nós que estão em Cristo fomos transportados à gloria das relações interpessoais. Temos no Evangelho um recurso para exercitar a honestidade com outras pessoas. Categorias como introversão e extroversão, embora sejam úteis, não afetam a questão ainda mais profunda, a maneira fundamental com que Deus nos equipou a todos — tanto a introvertidos quanto a extrovertidos — para a comunhão humana. *Até os introvertidos se sentem sozinhos.*

Fomos criados para estar juntos, falar uns com os outros, compartilhar nossos corações, sorrir juntos, apreciar juntos uma bela flor. A dor de uma aflição é dobrada quando a suportamos sozinhos, mas é grandemente diminuída quando suportada com outra pessoa ao nosso lado. De forma semelhante, a satisfação de uma alegria é dobrada quando celebrada com outra pessoa, mas diminuída quando a desfrutamos sozinhos.[4] Ansiamos por um espírito unido com outras pessoas, por corações compartilhados, por reciprocidade. Com frequência, as buscas idólatras que efetuamos por meio da imoralidade sexual, da indulgência excessiva no álcool ou da construção de uma plataforma nas mídias sociais são todas apenas anseios por comunhão humana colocados no lugar errado. Se tentarmos encontrar a fonte dessas buscas que destroem o coração, descobriremos que, entre outras coisas, é simplesmente a ausência de uma comunhão cristã genuína.

Aqui está o quadro que o Novo Testamento e uma passagem como 1 João 1 nos oferecem. Diante de nós, está um salão principal, preparado para o banquete. As mesas estão repletas de todos os pratos que pudermos imaginar. Os lustres

---

[4] Drew Hunter me ajudou a ver isso por meio de seu livro *Made for friendship: the relationship that halves our sorrows and doubles our joys* (Wheaton, IL: Crossway, 2018).

estão brilhando, as flores, lindamente arranjadas. As cadeiras são confortáveis e estão bem perto umas das outras. Os lugares são ilimitados. Qualquer um pode entrar. Porém, fora do salão, há dez mil pequenos cômodos escuros, cada um com espaço para uma única pessoa, de onde todos nós tendemos a espreitar, escondidos na companhia de nossa vergonha, de nossos pecados e de nossos erros, apavorados diante da possibilidade de que alguém veja nossas manchas em plena luz. Contudo, 1 João 1.7 — "Se, porém, andarmos na luz, como ele está na luz, mantemos comunhão uns com os outros" — nos convida ao banquete. Juntos. Somos chamados a sair para a alegria da humildade e da honestidade de uns para com os outros, na qual nos banqueteamos, somos nutridos e não estamos mais sozinhos.

À medida que caminhamos na luz uns com os outros, as paredes começam a cair. Relaxamos em uma nova maneira de ser, uma maneira livre de existir na companhia uns dos outros. A comunhão está acesa e queima intensamente. Somos realmente capazes de desfrutar a companhia dos outros, em vez de apenas os usarmos ou de vivermos constantemente no modo "boa impressão". De fato, manter as aparências tornou-se tão natural para nós que nem mesmo nos damos conta de quão atolados estamos nisso. Certamente, um dos choques que teremos na nova terra, quando toda a nossa imperfeição, pecado e interesse pessoal tiverem evaporado, será a surpreendente e nova liberdade e o prazer de simplesmente estarmos em comunhão com outras pessoas. Esvaziados de qualquer necessidade de nos apresentarmos de certa maneira para elas, teremos, finalmente, chegado à verdadeira vida. Seremos livres.

A mensagem do Novo Testamento é que podemos começar a desfrutar essa liberdade agora — não de forma perfeita, mas, pelo menos, verdadeira. Isso nos leva ao segundo resultado de andarmos na luz.

Purificação de todo pecado

"O sangue de Jesus, seu Filho, nos purifica de todo pecado." Essa pequena afirmação colocada na parte final de 1 João 1.7 é a completa razão por que qualquer um de nós chegará ao céu um dia. Somos purificados pelo sangue de Jesus Cristo.

Essa realidade está ligada à minha ênfase anterior no amor de Cristo (cap. 4) e à doutrina da justificação (cap. 5). No entanto, a categoria "purificar" dá sua própria contribuição. No Evangelho, somos unidos a Cristo não por causa de qualquer agradabilidade em nós, mas tão somente por causa do coração amoroso e amplo de Cristo. Muitas bênçãos resultam disso: somos declarados inocentes e estamos livres para deixar o tribunal (justificados), somos recebidos na família de Deus (adotados), somos restaurados a um relacionamento de amizade com o Pai (reconciliados) e assim por diante. Somos também, de acordo com 1 João 1.7, purificados. Recebemos um banho. Uma limpeza copiosa, permanentemente eficaz e efetuada de uma vez por todas.

Penso na luta livre na lama que tivemos no Acampamento Ridgecrest, nas montanhas da Carolina do Norte, no verão de 2000, quando servi como conselheiro. Depois de ficarmos todos cobertos de lama e exaustos, nós nos limpamos saltando do trampolim para dentro do lago. Achei maravilhoso submergir, sentir toda a lama sair e, em seguida, emergir para tomar ar puro novamente. Podíamos ter tentado removê-la com as próprias mãos, mas, assim, nunca teríamos ficado tão limpos — de qualquer forma, nossas mãos também estavam sujas, de maneira que as usar para nos limpar seria retirar a sujeira com mais sujeira ainda. O Evangelho opera da mesma forma. Nunca podemos nos purificar. Porém, se formos mergulhados no lago da purificação divina, emergiremos limpos — e, ao contrário da purificação naquele lago da Carolina do Norte, essa purificação nunca pode ser maculada novamente.

Continuaremos a pecar de muitas maneiras, é claro, mas o que é mais profundamente verdadeiro a respeito de nós é que fomos purificados de forma decisiva, de uma vez por todas. Como exatamente o sangue de Cristo nos purifica? Esse é um conceito um tanto estranho quando você pondera sobre ele — ser purificado pelo sangue de outrem. O ensino mais amplo da Escritura deixa claro que, para pecadores caídos, a justiça tem de ser feita, caso a nossa situação diante de nosso Criador seja acertada. Mas, ao cumprir, em grau máximo, o sangue do cordeiro pascal que era derramado na lei do Antigo Testamento, Jesus substituiu seu povo e deixou seu sangue ser derramado em favor deles. Jesus ofereceu sua própria vida, a fim de que todos aqueles que desejam que o sangue de Jesus substitua o derramamento de seu próprio sangue tenham seu destino eterno determinado por essa transação substitutiva. É assim que o sangue de Jesus nos purifica. Ou é o sangue de Jesus, ou é o nosso. A justiça de Deus tem de ser satisfeita. Se o sangue de Jesus é derramado em meu benefício, a ira do Pai é satisfeita, e eu fico livre. O resultado disso é a *purificação*, a qual constitui uma forma de entendermos essa transação. Jesus, o limpo, foi tratado como sujo para que eu, o sujo, seja tratado como limpo.

Muitos de nós nos sentimos irremediavelmente sujos. Sabemos que Deus nos ama e cremos que somos realmente justificados. Sabemos que o céu nos espera bem ali na frente, na próxima curva da estrada. Mas, enquanto isso, não conseguimos sair de debaixo de nosso opressivo senso de sujeira. Quer por causa de abusos de que tenhamos sido vítimas, quer por causa de nossas próprias tolices, sentimo-nos sujos. Por trás de nossa pungente teologia, sentimo-nos repugnantes. Nossos sorrisos e nossa bem apresentada aparência exterior estão em desacordo com o que achamos que é nossa experiência interior mais profunda.

O Evangelho tem uma resposta para isso. Se você está em Cristo, o céu o lavou. Você foi lavado e agora é "insujável". Não importa como você se sente. Esse sentimento não o define. Jesus foi contado como impuro para libertá-lo de sua condição de impuro e de seus sentimentos errados. Isso não significa que você nunca lutará com o sentimento de se sentir impuro. Significa, antes, que um aspecto de seu crescimento em Cristo é colocar seus sentimentos subjetivos de impureza em harmonia com a purificação objetiva, decisiva, invencível e sempre verdadeira no sangue de Cristo. Observe que o texto diz que somos purificados "de *todo* pecado" (1Jo 1.7). Essa é uma abordagem abrangente.

Não é fácil crer que somos limpos. Aceitar literalmente o que Deus diz sobre esse assunto talvez não seja muito diferente de dizer a um homem que esteja convencido de que está com febre alta: "Você está com boa saúde". Entretanto, estamos realmente limpos. Temos de crer no que Deus diz e resistir ao que sentimos. Creia audaciosamente nisso. Creia nessa purificação com a resistência que o Evangelho inspira.

Como Lutero disse: "Se, como Filho de Deus, Jesus derramou seu sangue para nos redimir e nos purificar do pecado; se, ademais, cremos nisso e o esfregamos na cara do diabo sempre que ele tenta nos atormentar e nos aterrorizar com nossos pecados, ele logo será vencido e forçado a recuar, parando de nos perturbar".[5]

A honestidade faz com que nos sintamos perdoados

Um leitor atencioso pode argumentar a esta altura: "O texto diz que, 'se andarmos na luz... o sangue de Jesus, seu Filho, nos purifica de todo pecado'. Isso significa que, se não formos honestos uns com os outros, Deus não nos purificará? Isso não é, de fato, inverter o próprio Evangelho e tornar nosso status de puros dependente de algo que fazemos?"

Sabemos, com base no ensino mais amplo da Bíblia, que isso não é verdade. O texto deve significar que, se andarmos na luz — e isso ocorre somente com aqueles que são introduzidos nas misericórdias do Evangelho e são habitados pelo Espírito Santo —, o sangue purificador de Cristo se tornará mais real para nós. Ele passa de teoria crida para realidade sentida. Experimentamos esse perdão mais profundamente do que seríamos capazes de experimentá-lo de outra maneira. Nosso coração se abre para recebê-lo mais profundamente do que antes. O perdão do Evangelho passa de receita impressa para experiência apetitosa. Em outras palavras, a honestidade de uns com os outros quanto à nossa pecaminosidade é um caminho para o que Lutero, Lewis e Schaeffer testemunharam

---
5 Martin Luther, *Sermons on the Gospel of St. John 1-4*, em *Luther's works*, ed. Jaroslav Pelikan e Helmut T. Lehmann, 55 vols. (Philadelphia: Fortress, 1955-1986), 22:24.

experimentar — uma nova, libertadora e mais sólida conscientização do Evangelho. Não, a honestidade com os outros não conquista o favor de Deus para nós. Mas, sem a honestidade com os outros, corremos um risco terrível e nos predispomos a sofrer nossa pior queda.

Quando você confia suficientemente em Deus para falar de sua pecaminosidade com outra pessoa, os canais de seu coração são abertos para você se sentir perdoado. Isso acontece porque o mesmo orgulho que nos impede de confessar nossos pecados a um irmão ou a uma irmã também obstrui nossa crença real no Evangelho. O orgulho impede a comunhão tanto horizontalmente como verticalmente. Fugir da honestidade para com outro irmão em Cristo é, em essência, rejeitar o próprio Evangelho. Recusar-se a ser honesto com outra pessoa é obra de justiça disfarçada; cremos que precisamos proteger a fachada, manter a integridade da aparência. Porém, na conversão ao cristianismo, reconhecemos que somos desesperadamente pecadores e não temos nada com que contribuir, exceto com nossa necessidade. O Evangelho diz que nada temos em nós que nos recomende a Deus. Por que, então, na comunhão cristã, abandonamos essa teologia e fingimos que temos dentro de nós virtudes que nos recomendam? Temos de ser coerentes. Em outras palavras, na conversão, o velho homem morreu de uma vez por todas (Rm 6.1-14; Ef 4.20-24; Cl 3.1-4, 9-10). Quando nos recusamos a ser honestos na presença de outro irmão em Cristo, trazemos de volta à vida aquele velho homem. Retrocedemos à maneira de agir que tínhamos antes da regeneração.[6]

---

6 Para uma abordagem adicional desse parágrafo, ver Bonhoeffer, *Life together*, p. 114-15.

Humilhe-se para florescer

Você quer alegria? Afinal de contas, João disse ter escrito 1 João "para que a nossa alegria seja completa" (1.4). Você quer crescer? Talvez somente no outro lado da honestidade genuína com outro cristão, haja uma profundidade de "comunhão... com o Pai e com seu Filho, Jesus Cristo" (1.3) à sua espera, uma profundidade que fará aquilo em que você crê agora parecer completamente irreal.

Creia no Evangelho. Encontre um amigo de confiança, um irmão em Cristo. Traga-o à sua pecaminosidade de maneira redentora, mas humildemente transparente. Humilhe-se na morte do ego que a honestidade promove e veja que a vida floresce do outro lado. Banhe-se de novo no Evangelho da graça. À medida que você ousa aprofundar-se na honestidade e na experiência do sangue purificador de Cristo, verá seu coração descansar no crescimento pelo qual você tanto anseia.

Capítulo 7
Dor

Nossos instintos naturais nos dizem que o caminho para avançarmos na vida cristã é evitarmos a dor, para que, assim, não distraídos, nos dediquemos à tarefa imediata de crescer em Cristo. Porém, Novo Testamento nos diz, repetidas vezes, que a dor é um meio, e não um obstáculo, para nos aprofundarmos na maturidade cristã. A angústia, o desapontamento e a futilidade que nos afligem são blocos edificadores de nosso crescimento. Somos "herdeiros, herdeiros de Deus e coerdeiros com Cristo; se com ele sofremos, também com ele seremos glorificados" (Rm 8.17). Conhecemos mais profundamente Cristo quando compartilhamos "dos seus sofrimentos" (Fp 3.10). Porque "toda disciplina, com efeito, no momento não parece ser motivo de alegria, mas de tristeza; ao depois, entretanto, produz fruto pacífico aos que têm sido por ela exercitados, fruto de justiça" (Hb 12.11).

A dor fomentará o crescimento de uma forma única, desde que o permitamos.

A universalidade da dor
Um esclarecimento que precisamos fazer neste exato momento é que todos nós experimentamos a dor. Digo isso porque é

comum, em alguns segmentos da igreja ocidental, falar, pregar e escrever como se apenas em outras partes do mundo os crentes sofressem de dor.

Sem dúvida, é verdade que a perseguição pública não é um fenômeno universal. Também é claramente perceptível que alguns crentes de outras partes do mundo (escrevo do Ocidente e na qualidade de ocidental) enfrentam toda sorte das mais variadas dificuldades que muitos de nós não enfrentamos — escassez de água potável, ostracismo social, restrições governamentais de reuniões públicas para culto, pobreza, cuidado de saúde precário, falta de bons recursos bíblicos e teológicos, abundância de teólogos da prosperidade, que seduzem e enganam os crentes, e assim por diante.

No entanto, essa nota de relativo conforto circunstancial no Ocidente pode, por vezes, ser tocada de modo a minimizar e obscurecer a dor peculiar às vidas de todos os crentes. Nenhum cristão, a despeito do lugar onde vive, está imune às experiências dolorosas de um câncer, à traição de irmãos em Cristo, ao desapontamento vocacional, às desordens psicológicas, às frustrações emocionais, a filhos rebeldes, a chefes abusivos ou a centenas de outras adversidades.

Contudo, quando menciono a universalidade da dor, tenho em mente outra coisa, algo que subjaz a todos esses exemplos concretos de adversidade. Para todos nós que vivemos entre os dois primeiros capítulos da Bíblia e os dois últimos, há uma futilidade que permeia tudo — nossa mente, nosso coração, nossa consciência, cada pensamento, cada palavra, cada reunião, cada e-mail e cada novo amanhecer —, há algo difícil de articular que infecta tudo. Um senso de perda, de frustração, de não florescer, de abatimento, de falta de propósito angustiante, de desperdício de tempo e esforço, de incapacidade de seguir em frente. A Bíblia trata disso e nos diz que a criação "foi submetida à futilidade" (Rm 8.20, NVI) e "geme" como uma mãe no parto (Rm 8.22). Devemos ser cuidadosos para entender que a expressão "toda a criação" (Rm 8.22) não diz respeito a toda a ordem natural criada, menos os humanos. Estamos inclusos nessa futilidade. O texto prossegue dizendo que nós também "gememos em nosso íntimo", enquanto aguardamos que Deus corrija todas as coisas no final (Rm 8.23). Somos como um belo carro que tenta chegar do ponto A ao ponto B, mas o motor e partes interiores, sob o capô, estão totalmente emporcalhados. Não funcionamos como deveríamos.

Miséria, trevas, angústia, remorso, vergonha e lamento afetam tudo que dizemos e pensamos. A realidade de pesadelo mostra que essa dor e essa futilidade alcançam até mesmo nosso subconsciente e nosso sono. Não podemos ir a *lugar algum* para escapar da futilidade e da dor da vida neste mundo caído. Isso é verdadeiro em relação a todos os crentes e também, obviamente, aos incrédulos. Contudo, para os crentes, a dor é diferente, porque sabemos e sentimos de forma mais profunda que Deus não criou um mundo em que havia dor. As coisas não deveriam ser assim. É por isso que Romanos 8 conecta nosso gemido com a presença das "primícias do Espírito" (v. 23). Nós, crentes, fomos ressuscitados espiritualmente, mas ainda não fomos ressuscitados fisicamente. Essa dissonância acentua nossa consciência de que nossa pequena existência caída é imperfeita. Toda cultura suporta diariamente as futilidades da vida neste mundo caído — aquele senso premonitório de total absurdo que permeia a vida e nos envolve em novo desespero a cada nova manhã.

A dor não é uma ilha em nossa vida, mas o oceano. O desapontamento ou a decepção é o palco em que toda a vida se desdobra, e não uma aberração ocasional numa vida confortável e tranquila.

O que quero dizer neste capítulo é que um bloco crucial que edifica nosso crescimento na graça é uma abertura humilde ao recebimento da amargura da vida como o caminho amoroso de Deus para nos tirar da miséria do ego e nos conduzir a uma maturidade espiritual mais profunda. Por meio da dor, Deus está nos chamando para cima, "à perfeita varonilidade, à medida da estatura da plenitude de Cristo" (Ef 4.13).

Devemos ser cuidadosos e cautelosos em relação à forma como abordamos esse assunto, pois estamos lidando com uma realidade que não é mera abstração teológica. Este capítulo é como remover um curativo de uma ferida aberta e realizar uma desagradável punção. A primeira coisa a ser feita com aqueles que experimentam uma dor nova em sua vida não é dar-lhes um livro, ou indicar-lhes um versículo, ou ainda lhes dar um lembrete teológico. A Bíblia diz: "Chorai com os que choram" (Rm 12.15), e não "ofereçam respostas teológicas aos que choram". Uma palavra de explicação teológica, ainda que seja uma palavra verdadeira de explicação teológica, dada a pessoas que vivenciam dor severa agrava a dor. Elas não precisam que as encaremos e falemos sem parar. Precisam que estejamos a seu lado, chorando. O fato de que, na Bíblia, Romanos 8.28 vem antes de Romanos 12.15 não significa que deve vir primeiro em nosso aconselhamento e em nossas amizades.

No entanto, embora haja um tempo de chorar, há também um tempo de pensar (Ec 3.1-8). Durante todo o curso de nosso discipulado em Cristo, temos de edificar um profundo e forte alicerce para entender como processar e até mesmo redimir a angústia de nossa vida. Sem esse alicerce, nosso crescimento em Cristo será severamente limitado. Esse é o principal ensino deste capítulo.

Cortando galhos

Todos nós somos como uma videira saudável, a qual tem a inclinação perversa de envolver todas as suas gavinhas ao redor de uma árvore venenosa que pareça nutritiva, mas que, na verdade, a enfraquece. Fomos advertidos de que abraçar tal árvore nos matará, mas não conseguimos sair dessa situação. Nós nos emaranhamos ao redor dela. Há apenas um recurso para o viticultor amoroso. Ele tem de nos cortar para nos deixar livres. Ele deve até mesmo podar galhos inteiros. O viticultor tem de nos fazer passar pelo caminho estreito da perda, pela dor de sermos diminuídos, de sermos reduzidos, para que possamos libertar-nos.

O mundo e suas ofertas fraudulentas são como aquela árvore venenosa. Nosso Viticultor celestial nos ama tanto que não nos deixará continuar a cometer suicídio de alma, à medida que nos tornamos mais profundamente ligados ao mundo. Por meio da dor do desapontamento e da frustração, Deus nos desapega do amor a este mundo. Parece que estamos sendo mutilados, como se estivéssemos morrendo. Mas, na realidade, estamos sendo libertos dos falsos prazeres deste mundo.

Em 1949, C. S. Lewis escreveu para Warfield Firor, um professor norte-americano de cirurgia, e, com uma revigorante honestidade, disse:

> Está tudo lá no Novo Testamento [...] "Morrendo para o mundo" — "o mundo está crucificado para mim, e eu, para o mundo". E acho que ainda nem comecei; não, pelo menos, se isso significa (e pode significar menos) desligar-se resoluta e progressivamente de todas as motivações provenientes dos objetos meramente naturais ou mundanos. É como treinar uma trepadeira a crescer numa parede, e não em outra. Não me refiro ao desligamento em relação a coisas erradas em si mesmas, mas, digamos, da própria noite agradável que esperamos ter ao saborearmos um presunto amanhã à noite ou em relação à própria satisfação em meu sucesso literário [...] Não se trata das coisas nem mesmo do prazer nelas, mas do fato de que nesses prazeres meu coração — ou grande parte dele — repousa.
>
> Ou, dito de maneira fantástica, se uma voz me dissesse (uma voz na qual eu não pudesse deixar de crer): "você nunca verá a face de Deus, nunca ajudará a salvar a alma de seu vizinho, nunca será liberto de seu pecado, mas viverá em saúde perfeita até os cem anos, será muito rico, morrerá como o homem mais famoso do mundo e passará para um estado um tanto turvo de consciência, de um tipo vagamente agradável, por toda a eternidade", em que medida isso me deixaria preocupado? Em que medida, quando comparamos essa possibilidade com outra guerra ou mesmo com um anúncio de que eu teria de extrair todos os meus dentes? Você consegue perceber? E que direito tenho

de esperar a Paz de Deus, enquanto coloco todo o meu coração — pelo menos, todos os meus desejos mais intensos — no mundo contra o qual ele me adverte?

Bem, graças a Deus, não ficaremos presos ao mundo. Todos os terríveis recursos de Deus (mas somos nós que o forçamos a usá-los) serão trazidos contra nós para nos separar do mundo — insegurança, guerra, pobreza, dor, impopularidade, solidão. Temos de aprender que essa tenda não é nosso lar.[1]

Aqui, Lewis expõe nosso coração. Nós, que somos honestos para conosco, reconhecemos quão intrincadamente entrelaçada está a vinha de nosso coração neste mundo. Isso não significa que devemos recusar-nos a gozar as coisas boas do mundo — uma refeição favorita, um lindo pôr do sol, os prazeres íntimos de um cônjuge, a satisfação de um trabalho bem-feito. Resistir totalmente a esses prazeres é, de acordo com os apóstolos, algo demoníaco (1Tm 4.1-5). Em vez disso, devemos reconhecer que nosso coração se apegará a qualquer coisa deste mundo que seja desprovida de Deus e buscará obter forças desse objeto criado, e não do Criador e de seu amor. A qualificação bíblica para essa inclinação perversa de nosso coração, a inclinação de buscar as coisas do mundo para satisfazer a sede de nossa alma, é *idolatria*. A idolatria, conforme defini no capítulo 5, é a insensatez de pedir a uma dádiva que se torne o doador. A Bíblia nos instrui a depositar no próprio Deus nossos anseios e anelos supremos. Somente ele pode nos satisfazer (Sl 16.11), e ele promete que o fará (Jr 31.25).

---

[1] C. S. Lewis, *The collected letters of C. S. Lewis*, vol. 3, *Narnia, Cambridge, and Joy*, 1950-1963, ed. Walter Hooper (San Francisco: HarperCollins, 2009), p. 1007-08.

O problema é que não podemos, por nossos próprios recursos, remover do mundo as esperanças mais profundas de nosso coração e colocá-las em Deus. Pensamos que podemos. Tentamos. Porém, isso é como uma criança que vai para uma cirurgia de coração confiante de que é capaz de reparar por si mesma o próprio coração. Ela precisa que um cirurgião atente para o seu caso e empregue toda a sua expertise médica na operação.

Também precisamos de uma cirurgia de coração. Precisamos, igualmente, dos recursos de um médico, o médico divino, que não somente tem toda a expertise necessária, como também nos envolveu em seu amoroso coração e nos ama com um amor tão amplo quanto seu próprio ser (Ef 3.18-19).

A operação dura toda a vida e costuma machucar, mas está nos curando.

Somente duas escolhas

Em um livro publicado em 1630, cinco anos antes de sua morte, Richard Sibbes escreveu:

> Sofrer traz desencorajamento, por causa de nossa impaciência. "Ai de mim!", lamentamos, "Nunca sairei dessa provação". Mas, se Deus nos leva à provação, ele estará conosco nela e nos tirará dela mais refinados. Nada perderemos além de escória (Zc 13.9). De nossas próprias forças, não podemos suportar a menor dificuldade, mas, com a assistência do Espírito, somos capazes de suportar as maiores. O Espírito se fará presente e nos ajudará a suportar nossas debilidades. O Senhor nos estenderá sua mão para nos levantar (Sl 37.24) [...] Traz-nos conforto

em condições desoladas o fato de que Cristo tem um trono de misericórdia ao lado de nossa cama e conta nossas lágrimas e nossos gemidos.[2]

Quando a dor invade nossa vida, sentimo-nos, de forma imediata e instintiva, como se estivéssemos perdendo. Dinheiro está sendo debitado de nossa conta. Estamos caminhando para trás. "Isso é ruim", pensamos. Compreensível. Porém, na economia do Evangelho, estamos unidos a um Salvador que foi, ele mesmo, preso, crucificado, colocado num sepulcro e entregue à morte, apenas para, em seguida, ressuscitar em glória triunfante — glória que não seria possível sem aquela morte. *Dor semeia glória.* Você não quer que a glória celestial determine tudo a respeito de sua pequena vida? Como isso acontece? O apóstolo Pedro nos diz: "Se, pelo nome de Cristo, sois injuriados, bem-aventurados sois, porque sobre vós repousa o Espírito da glória e de Deus" (1Pe 4.14). Quando insultos nos fazem recuar abalados, quando a vida machuca, nossos olhos estão sendo tirados das coisas instáveis do mundo e colocados no Deus estável da Bíblia. Estamos sendo chamados, como disse Lewis, "para cima e avante".[3] Quando a dor vem, não apenas nos machuca, como também nos ensina uma lição. Ela nos chicoteia para nos moldar. A dor procede de uma Pai compassivo e tem em vista nossa cura. "Ele o ama muito para machucá-lo", disse John Flavel.[4]

---

[2] Richard Sibbes, *The bruised reed* (Edinburgh: Banner of Truth, 1998), p. 54-55.
[3] Esse é o título do cap. 15 de *A última batalha*, de C. S. Lewis, 3. ed., trad. Silêda Steuernagel, São Paulo: WMF Martins Fontes, 2014, p. 189.
[4] John Flavel, *Keeping the Heart: How to Maintain Your Love for God* (Fearn, Ross-shire, Scotland: Christian Focus, 2012), p. 43.

Quando a vida machuca, vemo-nos imediatamente numa encruzilhada interna. Ou tomamos a estrada do cinismo, esquivando-nos de um coração aberto para com Deus e os outros, recuando para a segurança que encontramos na restrição de nossos desejos e anseios, para não sermos feridos de novo; ou seguimos na direção de uma profundidade com Deus que seja maior do que já conhecemos. Ou desdenhamos daquilo que afirmávamos e em que críamos acerca da soberania e da bondade de Deus, pensando que nossa fé estava equivocada; ou damos uma importância ainda maior à nossa teologia. Os dois círculos, o da teologia que professamos e o da teologia do coração, embora distintos até então, são forçados ou a se distanciarem mais que antes, ou a se sobreporem perfeitamente. Ou depositamos toda a importância em nossa teologia, ou deixamos nosso coração se calcificar e endurecer. Ou deixamos que o médico divino continue a operação, ou insistimos em ser retirados da sala de operação. No entanto, a dor não nos permite seguir em frente como antes.

Richard Davis era um pastor na Inglaterra na era dos puritanos. Em certa ocasião, ele procurou o grande John Owen para obter conselho espiritual. Sinclair Ferguson reconta o que aconteceu.

> No decorrer da conversa, Owen lhe perguntou: "Jovem, de que maneira você se achega a Deus?".
>
> "Por meio do Mediador", respondeu Davis.
>
> "Isso é fácil dizer", replicou Owen, "mas eu lhe asseguro que achegar-se a Deus por meio do Mediador é algo bem diferente de apenas fazer uso da expressão que muitos conhecem. Eu mesmo preguei a Cristo por alguns

anos, quando eu tinha muito pouco — se é que possuía alguma — familiaridade prática com o acesso a Deus por meio de Cristo, até que aprouve ao Senhor visitar-me com uma aflição severa, pela qual fui levado às portas da morte e sob a qual minha alma foi oprimida com horror e trevas. Deus, porém, aliviou graciosamente meu espírito por meio de uma aplicação poderosa do Salmo 130.4: *'Contigo, porém, está o perdão, para que te temam'*. Assim, recebi instrução, paz e consolo especiais, ao me aproximar de Deus pelo Mediador, e preguei sobre isso logo depois de minha recuperação".[5]

Observe as palavras "com uma aflição severa". Foi por meio de uma provação dolorosa, e não por evitá-la, que a segurança do perdão se instilou em Owen. Ele havia pregado o Evangelho por anos a fio, mas somente por meio dessa provação o Evangelho que ele pregava se moveu realmente da teologia professada para a teologia do coração, de forma que os dois círculos se sobrepuseram.

Se, um dia, você deseja ser um adulto firme, consistente e radiante, permita que a dor em sua vida o force a crer em sua própria teologia. Permita que a dor o leve a uma comunhão mais profunda com Cristo, mais profunda que antes. Não permita que seu coração resseque. Cristo está em sua dor. Está refinando-o. Tudo que você perderá, segundo nos lembra Sibbes, é a escória do ego e a miséria que, no recôndito de seu coração, você quer mortificar, de alguma maneira. Deus nos

---

[5] Sinclair B. Ferguson, *John Owen on the Christian life* (Edinburgh: Banner of Truth, 1987), p. 100n1. O Salmo 130 se tornou tão pessoalmente precioso para Owen que ele escreveria uma densa exposição de duzentas páginas sobre esse salmo, contida no volume 6 da coletânea de suas obras.

ama muito para deixar que permaneçamos na superficialidade. Quão frívolos e medíocres seríamos se vivêssemos toda a vida sem dor!

Suas lágrimas são as ferramentas de Deus.

Lágrimas e alegria

Enquanto falamos de lágrimas, talvez seja valioso refletirmos brevemente sobre o efeito salutar das lágrimas em nossas vidas. Nossas lágrimas não impedem o crescimento; ao contrário, elas o aceleram e aprofundam. Sem dúvida, isso nem sempre é verdadeiro. Podemos deixá-las nos amargar, em vez de nos adocicar. Entretanto, as lágrimas frequentemente refletem apenas a remoção de uma distração. Entramos, por fim, em contato com a realidade e com nós mesmos. Vemos mais nitidamente quem realmente somos, em toda a nossa vileza. Vemos mais profundamente quem Jesus Cristo é, em toda a sua ternura.

Você não acha, ao repassar sua própria vida, que houve momentos em que, sentado sozinho, imerso em lágrimas, você experimentou uma sublime profundidade de alegria, de realidade com Deus, uma alegria que nenhum comediante de *stand-up* seria capaz de lhe oferecer? Se alguém houvesse chegado inesperadamente até você nesses momentos e visto seu rosto tomado de lágrimas, teria concluído, de imediato, que você estava em angústia, mas teria interpretado mal o que se passava. Olhando para cima e vendo quem o interrompeu, você talvez tenha se sentido tentado a se livrar do constrangimento com uma piada rápida, mas isso teria feito a alegria que jorrava de você dissipar-se de pronto.

A Bíblia diz:

> Melhor é a mágoa do que o riso, porque com a tristeza do rosto se faz melhor o coração. (Ec 7.3)

Essa afirmação em Eclesiastes não tem a intenção de ser absoluta. Lembre-se de que isso é literatura de sabedoria hebraica e exige certo cuidado para entendermos seu significado. Porém, o sábio está dizendo *algo*. A lição de um texto desse tipo é que a solenidade das lágrimas nos aprofunda numa espécie de firmeza e robustez de personalidade que vai além do trivial, informando boa parte de nossas interações com outras pessoas e até mesmo nossa autorreflexão solitária.

A Bíblia também diz o oposto: "Até no riso tem dor o coração, e o fim da alegria é tristeza" (Pv 14.13). De acordo com Provérbios, um riso exterior pode frequentemente ocultar uma dor interior. De acordo com Eclesiastes 7, um choro exterior pode frequentemente adornar uma alegria sólida, profunda e quieta.

Chore enquanto estiver crescendo. Não oprima suas emoções. Crescer em Cristo não é apenas exibir sorrisos e gargalhadas. Deixe suas lágrimas e as feridas que elas refletem levarem-no a um lugar mais profundo com Cristo, mais do que você teria de outro modo. Como eu ouvia meu pai dizer, "feridas profundas nos aprofundam".

Mortificação

Até esta altura, neste capítulo, falamos sobre o tipo de dor que vem até nós sem a nossa permissão — sofrimento, angústia, frustração —, invadindo nossa vida de uma forma oposta ao que desejamos ou esperamos. Contudo, acompanhando esse tipo de dor em que somos passivos, há outro tipo de dor em que somos ativos. Refiro-me à antiga disciplina que os teólogos chamam de mortificação.

Mortificação é apenas uma palavra teológica que significa "fazer morrer". Refere-se ao dever que todo cristão tem de matar o pecado. Como Owen disse na obra mais importante já escrita sobre a mortificação do pecado: "Mate constantemente seu pecado, ou o pecado o matará constantemente".[6] Nenhum de nós se encontra em condição de neutralidade. Agora mesmo, todo aquele que está em Cristo ou está matando o pecado, ou está sendo morto pelo pecado; ou se tornando mais forte, ou ficando mais fraco. Se você pensa que está avançando sem esforço, está realmente caminhando para trás. Na vida espiritual, não há piloto automático. Pode parecer que, hoje, você está em ponto morto, mas nosso coração é como um jardim: se não arrancarmos, proativamente, as ervas daninhas, elas crescerão, ainda que não o percebamos.

A obra de mortificação é de todo cristão. Há muito tempo, os teólogos têm falado que a mortificação opera em conjunto com a vivificação — há tanto o levar à morte quanto o ser trazido à vida. Na conversão, "morremos" de uma vez por todas e somos vivificados de uma vez por todas. Mas há também um padrão diário de baixar à morte e ascender à vida.

O ensino sobre a mortificação é a faceta mais *ativa* de nosso crescimento em Cristo. Os outros capítulos deste livro se concentraram principalmente naquilo que recebemos no Evangelho. E é assim que deve ser. A salvação cristã e o crescimento por ela desencadeado são, basicamente, uma questão de graça, resgate, ajuda e livramento. É Deus invadindo nossa

---

6 John Owen, *Overcoming sin and temptation*, ed. Kelly M. Kapic e Justin Taylor (Wheaton, IL: Crossway, 2006), p. 50.

vida insignificante e triunfando gloriosa e persistentemente sobre todo o pecado e todo o mal que ele encontra ali. Isso não significa, porém, que somos robôs. O versículo em que John Owen baseou seu livro sobre a mortificação é Romanos 8.13: "Porque, se viverdes segundo a carne, caminhais para a morte; mas, se, pelo Espírito, mortificardes os feitos do corpo, certamente, vivereis". Um dos principais ensinos em que John Owen se detém em seu livro concentra-se nas palavras "pelo Espírito". Não matamos o pecado por meio de recursos inerentes a nós mesmos. Voltaremos a falar do Espírito Santo no último capítulo deste livro. Notemos, por ora, que até mesmo o aspecto mais ativo de nossa santificação, a faceta em que a nossa própria vontade é mais completamente envolvida, a mortificação de nosso pecado, não é algo em que nos engajamos sozinhos. Nós o fazemos "pelo Espírito".

Quando nos vemos assolados pelo pecado e pela tentação, clamamos ao Espírito por graça e ajuda e, em seguida, agimos em dependência consciente do Espírito, aceitando pela fé, graças ao Espírito, que somos capazes de matar um pecado específico ou resistir a certa tentação. O diabo quer que pensemos que somos impotentes. Mas, se Deus, o Espírito, está em nós, o próprio poder que ressuscitou o corpo morto de Jesus para a vida triunfante também é capaz de exercer esse mesmo poder vital em nossas vidas. Como Paulo disse pouco antes de Romanos 8.13: "Se habita em vós o Espírito daquele que ressuscitou a Jesus dentre os mortos, esse mesmo que ressuscitou a Cristo Jesus dentre os mortos vivificará também o vosso corpo mortal, por meio do seu Espírito, que em vós habita" (Rm 8.11).

Mortificação *versus* autoflagelação

Temos de considerar francamente uma ideia potencialmente errada antes de prosseguir. Ao falar que a dor é um elemento vital ao nosso crescimento, especialmente agora que abordamos a "dor" que nos autoinfligimos, isto é, a dor da mortificação, temos de estar sempre vigilantes para não entendermos a dor de nossa vida como se, de alguma forma, também contribuísse para a obra expiatória de Cristo. Isso talvez pareça óbvio, mas a tentação de pensar assim é muito sutil e insidiosa. Devemos ter em mente o que reiteramos no capítulo 5 sobre a absolvição. Na obra consumada de Cristo na cruz, somos totalmente libertos dos poderes acusadores do diabo e de nossa consciência. Ao matarmos o pecado, não estamos competindo com a obra de Cristo, mas respondendo a ela. Cristo foi morto para que nosso relativo sucesso ou fracasso em matar o pecado não seja parte da fórmula de nossa adoção na família de Deus.

Na Semana Santa de 2009, o jornal *Boston Globe* veiculou uma história com imagens de várias comunidades cristãs ao redor do mundo que celebravam o Lava-Pés.[7] Uma imagem especialmente impressionante era da cidade de San Fernando, nas Filipinas, onde vários penitentes católicos romanos foram fotografados enquanto se ajoelhavam diante de uma igreja, sem camisa e com as costas ensanguentadas, flagelando-se, numa tentativa de fazer expiação por seus pecados. Ficamos horrorizados com essa imagem, sabendo que a necessidade desse tipo de dor autoinfligida foi maravilhosamente erradicada pelo sofrimento de Cristo. Seria estranho que um criminoso que tenha sido solto depois que alguém pagou sua

---

[7] "The big picture: news stories in photographs", Boston.com, 10 de abril de 2009, http://archive.boston.com/bigpicture/2009/04/holy_week.html.

fiança retornasse prontamente à delegacia para pagar, ele mesmo, a fiança. Ele já tinha sido liberto.

No entanto, eu me pergunto se realmente levamos a sério o que está errado nessa prática. Engajar-se psicológica e emocionalmente — quiçá até mesmo fisicamente — em autoflagelação não é uma tentação constante para cristãos ocidentais? Qual é sua reação quando você toma ciência de seu pecado? Se você for como eu, sabe que Cristo morreu por isso e sente-se grato. Mas, apenas para mostrar quão grato você é ou para selar o acordo, você se autoinflige um pouco de dor psicológica, de modo a tornar memorável toda a situação. Sem dúvida, você não age assim para fazer, conscientemente, um acréscimo à obra de Cristo. Longe de você! Você o faz apenas para deixar Cristo ciente do quanto você se importa, para deixar claro que você é um cristão *sério*. Nada físico. Apenas um pouco mais de obediência externalizada, ou de serviço formal, ou de reconhecimento de culpa.

O problema é que a mensagem da Bíblia como um todo é que, se vamos colocar a cereja de nossa contribuição pessoal no topo da obra de Cristo, para que ela fique perfeita, temos de providenciar todo o bolo. É tudo ou nada. A tragédia é que, embora concordemos teologicamente com a verdade de que não podemos fazer acréscimo à obra de Cristo, tentamos nos tranquilizar emocionalmente ao ajudarmos nosso Senhor um pouquinho. Porém, acrescentar algo para selar o acordo é exatamente o que nos deixará intranquilos quanto a se ele foi realmente selado. E se não o selarmos de modo suficiente?

Esse instinto natural de melhorar a opinião de Deus sobre nós por meio de doses automedicadas de recompensa humanamente gerada parece bastante razoável. Tão lógico.

Intuitivo. De que outra maneira viveríamos? Mas a glória do Evangelho é que essa tentativa de ajudar a Deus não apenas é desnecessária, como também uma rejeição da oferta de Deus em Cristo. Não é um fortalecimento, mas uma diluição da opinião de Deus sobre mim. Essa atitude não honra a obra sacrificial de Cristo em meu favor, mas a desonra. Ela nos deixará mal-humorados e tensos, em vez de humildes e livres.

Enquanto refletimos sobre a mortificação de nosso pecado, nós o fazemos conscientes de que jamais seremos capazes de intensificar a declaração objetiva de que somos "absolvidos e justos", da qual nos apropriamos somente pela fé, com base unicamente na obra consumada de Cristo.

Sufocando o pecado

Isso é o que a mortificação *não é*. Não é fazer acréscimo à obra expiatória de Cristo. Então, positivamente, o que é a mortificação?

Não mortificamos o pecado principalmente ao olharmos para ele. Sem dúvida, é preciso que estejamos cientes do pecado. Contudo, não o matamos como um soldado mata um inimigo na batalha, isto é, mirando no próprio inimigo. Matar o pecado é uma batalha estranha, porque, para vencê-la, precisamos *desviar os olhos do pecado*. Por "desviar os olhos", não quero dizer que devamos esvaziar nossa mente e tentar criar um vácuo mental. Quero dizer que temos de olhar para Jesus Cristo. Da mesma maneira que brincar de carrinhos de miniatura no gramado da frente da casa perde sua atratividade quando somos convidados a passar a tarde em uma corrida de Fórmula 1, o pecado perde seu apelo quando nos permitimos ser encantados constantemente pela incomparável beleza de Cristo. Lembre-se do que notamos no capítulo 1 sobre as "insondáveis riquezas de Cristo" (Ef 3.8). O pecado parece riqueza, mas é riqueza falsa e superficial. Ele não entrega o que promete. Por outro lado, Cristo é a riqueza genuína, a riqueza de profundidade ilimitada. A riqueza de Cristo é insondável.

Alimentamos o pecado quando somos complacentes com ele, quando suspiramos por ele, quando sonhamos acordados com ele e quando lhe damos livre curso. Sufocamos o pecado quando redirecionamos nosso olhar para Cristo. Quando digo "redirecionar nosso olhar", estou falando de olhar para Cristo com "os olhos do coração" (Ef 1.18). É um pouco estranho a Bíblia falar que uma parte do corpo tenha partes. Como um coração tem olhos? Porém, lembre-se de que, na Bíblia, o "coração" é o centro animador de tudo que fazemos, a nossa parte mais profunda e a fonte de nossos motivos e anseios mais profundos. A Escritura está nos mostrando que aquilo a que dedicamos nosso coração — o que amamos e desejamos — determina nossa saúde espiritual. Se temos uma teologia sólida e inabalável, demonstramos ampla conformidade de comportamento com os mandamentos de Deus e possuímos uma frequência exemplar à igreja, mas nosso coração flui em sentido contrário, buscando notoriedade, contas bancárias gordas ou qualquer outra coisa, nunca progrediremos na mortificação do pecado. Como poderia ser diferente? Se as lealdades mais profundas de nosso coração pertencem a qualquer outra coisa que não Deus, estamos simplesmente tentando enganar os outros, fingindo que queremos mortificar o pecado.

Mas, quando nosso coração redireciona sua contemplação para o Jesus da Bíblia, em toda a sua gentileza gloriosa e em todo o seu amor deslumbrante, o pecado passa fome e começa a definhar. Quando desfrutamos as verdades sobre as quais este livro tem meditado — realidades como a nossa união com Cristo, nossa inalterável aceitação e nossa irreversível absolvição —, então, e somente então, a vida e o vigor espiritual começam a ter ascendência, e o apego ao pecado se afrouxa. Flavel assim expressou essa realidade: "Você quer ter suas corrupções mortificadas? Este é o caminho: remover a comida e o combustível que as mantêm; pois, assim como a prosperidade as gerou e as alimentou, também a adversidade, quando santificada, é um meio para matá-las".[8]

Não há uma técnica especial para mortificar o pecado. Você apenas abre sua Bíblia e permite que Deus o surpreenda a cada dia com a maravilha de seu amor, demonstrado em Cristo e experimentado no Espírito.

Lutar é vencer

Precisamos terminar este capítulo com uma nota de esperança. "Às vezes, o pecado das pessoas corretas", disse Flavel, "consiste em exercer uma severidade irracional contra si mesmas".[9] Ele prossegue e assegura a seus leitores que, embora olhem para dentro de si mesmos e encontrem ali todo tipo de impureza, plenitude de incredulidade e uma variedade de amores desordenados, ainda assim, ver também uma fagulha de desejo por Deus e uma chama de anseio por Cristo pode tranquilizá-los.

Acima de tudo, devem parar, definitivamente, de olhar para dentro de si mesmos e olhar para Cristo. Em todo caso, a ênfase de Flavel é que a própria luta reflete a existência de vida. Se não fôssemos regenerados, simplesmente não nos

---

[8] Flavel, *Keeping the heart*, p. 45.
[9] Flavel, *Keeping the heart*, p. 94.

importaríamos. O anseio por Cristo, a frustração em nossas quedas, o desejo de nos rendermos completamente a Deus, esses são os retumbantes indicadores de vida, ainda que se trate de uma vida imatura. Deus não o abandonará. Ele certamente o amará agora e até o céu.

Nesse ínterim, Deus está ensinando-o a não desistir de seu projeto de mortificação. Seus próprios esforços de lutar contra seu pecado entristece Satanás. Lutar é vencer. C. S. Lewis expressou essa ideia muito bem em uma carta de janeiro de 1942. Com essa palavra de conforto, terminamos este capítulo:

> Sei tudo sobre o desespero de vencer as tentações crônicas.
>
> Não é sério, contanto que o mau humor que se auto--ofende, a inquietação com ser o melhor, a impaciência etc. não nos dominem. *Nenhuma quantidade* de quedas nos destruirá realmente, se continuarmos nos levantando vez após vez. Sem dúvida, seremos filhos muito enlameados e esfarrapados no momento em que chegarmos ao lar. Mas os banheiros estão todos prontos, as toalhas, separadas, e as roupas limpas, penduradas no armário.
>
> A única coisa fatal é enfurecer-se e desistir. É quando notamos a sujeira que Deus está mais presente conosco. Esse é o próprio sinal de sua presença.[10]

---

10 Lewis, *Collected letters*, 3:507; ênfase original.

Capítulo 8

Respiração

Até aqui, os capítulos deste livro examinaram temas abrangentes. Realidades como nossa união com Cristo, a acolhida que Cristo nos dá ou nossa absolvição diante de Deus por meio da maravilha da justificação — essas são verdades atemporais em que cremos e que absorvemos em nosso coração durante toda a vida. No entanto, como, na prática, dia após dia, fazemos isso? Quais são os instrumentos pelos quais esse crer e esse absorver acontecem?

Este capítulo responde a essa pergunta. Na verdade, existem muitas respostas válidas a essa pergunta — a importância de participarmos regularmente dos sacramentos da igreja, de fazermos parte da comunhão cristã por meio da igreja local, de cultivarmos amizades cristãs profundas e assim por diante. Mas quero considerar apenas duas práticas comuns, previsíveis, maravilhosas e vitais: a leitura da Bíblia e a oração.

O meio para refletirmos sobre essas duas práticas é a metáfora da respiração. Ler a Bíblia é inspirar. Orar é expirar.

Nosso grande tesouro terreno

O que é a Bíblia? É nosso maior tesouro terreno. Você permanecerá forte, crescerá em Cristo, andará com alegria e abençoará este mundo se conhecer este livro. Eis a introdução à Bíblia publicada pelos Gideões:

> A Bíblia contém a mente de Deus, o estado do homem, o caminho da salvação, a condenação dos pecadores e a felicidade dos crentes. Suas doutrinas são santas, seus preceitos são norteadores, suas histórias são verdadeiras e suas decisões são imutáveis. Leia-a para ser sábio, creia nela para ser salvo e pratique-a para ser santo. A Bíblia contém luz para dirigi-lo, alimento para sustentá-lo e consolo para animá-lo.
>
> A Bíblia é o mapa do viajante, o cajado do peregrino, a bússola do piloto, a espada do soldado e o estatuto do cristão. Aqui o Paraíso é restaurado, o céu é aberto, e os portões do inferno, revelados.
>
> Cristo é o grande assunto da Bíblia; nosso bem, o desígnio dela, e a glória de Deus, sua finalidade. A Bíblia deve encher a memória, governar o coração e guiar os pés. Leia-a devagar, com frequência e em atitude de oração. É uma mina de riqueza, um paraíso de glória e um rio de prazer. Ela é dada a você em vida, será aberta no julgamento e lembrada para sempre.
>
> A Bíblia envolve a mais elevada responsabilidade, recompensa a maior perda e condenará todos os que escarnecem de seus conteúdos sagrados.

Cito isso na íntegra porque, inevitavelmente, essas palavras reverentes nos colocam face a face com a preciosidade sagrada da Bíblia. Quem é capaz de ler isso e não dedicar toda a sua vida a ser um estudante da Bíblia? A Escritura não é um benefício auxiliar para uma vida que, sem ela, já se acha bem ordenada, necessitando apenas de um pequeno impulso extra. A Escritura molda, energiza, oxigena. Ela é vital. Jesus orou: "Santifica-os na verdade; a tua palavra é a verdade" (Jo 17.17). *Santificação profunda* é, por óbvio, um livro sobre santificação. Jesus disse que precisamos da Palavra de Deus, que é a verdade, para a santificação acontecer.

Reconstruindo

Como assim? Seres humanos caídos entram neste mundo *por erro*. Não olhamos para nós mesmos corretamente, não contemplamos Deus com correção, não entendemos o caminho para a verdadeira felicidade, somos ignorantes quanto ao destino para o qual a história se encaminha, não possuímos a sabedoria que faz a vida funcionar bem e assim por diante. A vida cristã — isto é, nosso crescimento em Cristo — nada mais é do que, por um lado, uma desconstrução vitalícia do que naturalmente pensamos e assumimos e, por outro lado, uma reconstrução da verdade por meio da Bíblia. Pense em um prédio que foi erigido por trabalhadores não treinados, de forma que é um completo desastre — pisos desnivelados, janelas do tamanho errado, cores que não combinam, telhas em falta, fundação instável. Esse edifício somos nós. A Bíblia é a ferramenta multiuso, universal e resistente por meio da qual o Arquiteto divino nos conserta e nos conforma ao projeto original.

Tendemos a pensar que fomos colocados aqui na terra para construir um nome para nós mesmos. A Bíblia destrói essa noção, substituindo-a pelo conhecimento de que fomos colocados aqui para propagar a reputação e a honra de Deus. Tendemos a pensar que Deus nos aceitará se atendermos a um padrão mínimo de bondade pessoal. A Bíblia destrói essa ideia e insiste em que Deus nos aceita quando abandonamos qualquer tentativa de oferecer-lhe nossas realizações e, em vez disso, recebemos seu favor com base na obra de seu próprio Filho. Tendemos a pensar que não valemos muito ou que somos insignificantes no panorama geral da história. A Bíblia destrói esse pensamento e nos diz que somos criados à imagem do próprio Deus, com dignidade inerente, e que somos criados para governar o cosmos em glória eterna. Tendemos a pensar que as coisas deste mundo, como alimento, sexo e férias prolongadas, satisfazem nossa alma. A Bíblia destrói essa concepção e nos ensina que as dádivas não podem jamais satisfazer a sede de nossa alma. Somente o Doador pode fazê-lo.

E assim por diante. A Bíblia nos reeduca. Produz sábios a partir de tolos. Ela nos corrige.

Oxigênio

Mas nós temos de ir além. A Bíblia não somente nos corrige. Ela também nos oxigena. Precisamos da Bíblia não apenas porque estamos errados em nossa mente, mas também porque somos vazios em nossa alma.

É por essa razão que gosto da metáfora da respiração. Tomar um grande fôlego para nossos pulmões nos enche de ar fresco, proporciona-nos oxigênio, acalma-nos, dá-nos foco e nos traz clareza mental. O que a inspiração faz por nós fisicamente, a leitura da Bíblia faz por nós espiritualmente.

Neste mundo instável e incerto, Deus nos dá palavras substanciais. Palavras concretas, fixas, inalteráveis. Podemos ir à rocha da Escritura em meio às areias movediças desta vida. Sua Bíblia terá amanhã as mesmas palavras que tem hoje. Os amigos não nos podem dar isso. Eles entrarão em sua vida e dela sairão; serão leais hoje, mas ausentes amanhã. Pais e seus conselhos morrerão. Seu pastor nem sempre estará disponível para atender à sua chamada. O conselheiro que lhe tem dado instrução sábia se aposentará um dia, ou talvez você mude de estado. Todavia, você pode levantar-se da cama amanhã cedo, não obstante os fatores de estresse que percorrem incomodamente seu horizonte mental, enquanto você geme diante das ansiedades do dia, a Bíblia, sua amiga, será infalivelmente firme. Ela estará lá, esperando para ser aberta, pronta para lhe dar firmeza em meio a todas as perguntas não respondidas que estarão diante de você naquele dia. A Bíblia lhe dará aquilo de que você necessita e não se esquivará de você. Nossa sabedoria mais verdadeira e nossa única segurança consistem em edificar nossa vida sobre as palavras da Bíblia (Mt 7.24-27).

Por meio da Escritura, é o próprio Deus quem fala conosco. A razão pela qual a Bíblia não muda e não se modifica é que Deus não muda e não se altera. A Bíblia é não somente o melhor livro que existe entre todos os que existem. A Bíblia é um *tipo* diferente de livro. É de outra categoria. É semelhante a outros livros porque está encadernada entre duas capas e cheia de pequenas letras escuras que compõem palavras em toda sua extensão. Porém, a Bíblia é diferente dos outros livros, da mesma forma que a precipitação de chuva é diferente da mangueira em seu jardim. Ela vem do alto e nos dá um tipo de nutrição muito superior à que nossos próprios recursos podem prover.

Por quê? Porque o autor da Bíblia é Deus, e Deus sabe exatamente o que nos nutrirá. Sim, autores humanos escreveram os livros da Bíblia, mas eles "falaram da parte de Deus, movidos pelo Espírito Santo" (2Pe 1.21). Deus ou os homens escreveram a Bíblia? Ambos. Nessa ordem. Deus falou a Jeremias: "Eis que ponho na tua boca as minhas palavras" (Jr 1.9). Essa é exatamente a maneira como devemos entender a Escritura: Deus colocou suas palavras na boca de homens. As palavras são verdadeiramente de Deus, mas ele as deu por meio das personalidades e do vocabulário próprios dos autores humanos. É por isso que a elegância simples de João pode distinguir-se nitidamente da rispidez sucinta de Marcos ou das sentenças elaboradas e longas de Paulo, embora os três comuniquem verdadeira e plenamente a Palavra de Deus.

Visto que a Bíblia foi escrita em outras línguas — hebraico, aramaico e grego —, seremos nutridos ao máximo pela Escritura à proporção que lemos uma tradução da Bíblia que expresse a fraseologia original com a maior transparência possível, mas em uma linguagem compreensível e solene. Todo cristão que dedicar seu tempo a aprender algo das línguas originais se beneficiará dez vezes mais desse esforço despendido. A saúde da igreja depende do conhecimento das línguas originais, de sorte que pastores e líderes eclesiásticos devem chamar seu povo — qualquer um que estiver inclinado a fazê-lo — a aprender as línguas com eles.[1]

Um livro de boas notícias

Muitos de nós, entretanto, lidamos com a Bíblia não como uma fonte de oxigenação, mas como um instrumento de sufocamento. Vemos a Bíblia repousando sobre a mesa de canto.

---

[1] Uma excelente introdução ao assunto de aprender as línguas bíblicas é Dirk Jongkind, *An introduction to the Greek New Testament produced at Tyndale House, Cambridge* (Wheaton, IL: Crossway, 2019).

Sabemos que devemos abri-la. Às vezes, nós a abrimos. Mas, em geral, nós fazemos isso com um senso de dever enfadonho. A vida é muito exigente, pensamos. Eu realmente preciso de mais demandas? Tenho de ouvir ainda mais instruções que me dizem como viver?

Esse é um sentimento compreensível, mas, lamentavelmente, está errado e me leva ao fato central que desejo revelar sobre a Bíblia, à medida que continuamos a refletir sobre como os pecadores genuínos obtêm estímulo para realizarem uma mudança genuína em suas vidas. A Bíblia são boas notícias, não um discurso motivador. *Notícias*. O que são *notícias*? São relatos sobre algo que aconteceu. A Bíblia é semelhante à primeira página do jornal, e não à coluna de conselhos. Certamente, a Bíblia contém muitas instruções, mas as exortações e os mandamentos da Escritura fluem de sua principal mensagem, como costelas que se estendem de uma coluna vertebral, como centelhas que saem de um fogo, como as regras da casa prescritas para os filhos. Paulo disse que o Antigo Testamento foi escrito para que, "pela consolação das Escrituras, tenhamos esperança" (Rm 15.4). Ele disse: "As sagradas letras [...] podem tornar-te sábio para a salvação pela fé em Cristo Jesus" (2Tm 3.15). A Bíblia é ajuda, não opressão. Ela nos foi dada para nos sustentar ao longo da vida, e não para nos arrasar. Nossos próprios pensamentos obscuros sobre Deus são a razão que nos esquiva de abrir a Bíblia e de nos render a ela.

Entediarmo-nos de ler a Bíblia é como um asmático crônico que, embora com falta de ar, se entedia da oferta gratuita de um respirador. Leia a Bíblia com o desejo de saber não *principalmente* quem imitar e como viver, mas o que ela mostra sobre um Deus que ama salvar e sobre pecadores que precisam de salvação. Em outras palavras, os primeiros capítulos deste livro, que descrevem Jesus, a união com Cristo, a justificação e o amor de Deus, são, cada um deles, um meio de chegarmos à mensagem central da Bíblia.

Talvez pareça óbvio que a Bíblia são boas-novas. De que outra maneira poderíamos lê-la? Aqui, porém, estão nove maneiras comuns e equivocadas de lermos a Bíblia:

1. *A abordagem altamente sentimental* — lermos a Bíblia a fim de que tenhamos uma experiência estimulante e subjetiva de Deus, induzida pelas palavras do texto, quer entendamos o que *significam*, quer não. Resultado: leitura frívola.

2. *A abordagem rabugenta* — lermos a Bíblia motivados por nada mais que um senso vago de que devemos fazê-lo, para não termos Deus em nosso encalço durante o dia. Resultado: leitura ressentida.

3. *A abordagem da mina de ouro* — lermos a Bíblia como uma mina vasta, cavernosa e escura, na qual alguém tropeça ocasionalmente em uma pepita de inspiração. Resultado: leitura confusa.

4. *A abordagem do herói* — lermos a Bíblia como um rol da fama moral que nos oferece diversos exemplos de gigantes espirituais heroicos para imitarmos. Resultado: *leitura desesperançada*.

5. *A abordagem das regras* — lermos a Bíblia à procura de mandamentos a que devamos obedecer, com o propósito de reforçarmos sutilmente um senso de superioridade pessoal. Resultado: leitura farisaica.

6. *A abordagem Indiana Jones* — lermos a Bíblia como um documento antigo sobre eventos do Oriente Médio que ocorreram há milhares de anos e que são irrelevantes para minha vida hoje. Resultado: leitura monótona.
7. *A abordagem da bola oito mágica* — lermos a Bíblia como um mapa de viagem que nos diz onde trabalhar, com quem nos casar e qual carro comprar. Resultado: leitura ansiosa.
8. *Abordagem das fábulas de Esopo* — lermos a Bíblia como uma coletânea de ótimas histórias desagregadas que foram reunidas de forma independente, cada uma das quais possui lição moral no fim. Resultado: leitura desconexa.
9. *A abordagem doutrinária* — lermos a Bíblia como um depósito teológico que saqueamos a fim de obter munição para nosso próximo debate teológico no Starbucks. Resultado: leitura apática.

Existe alguma verdade em cada uma dessas abordagens. Porém, fazer de qualquer uma delas a principal lente pela qual lemos a Escritura significa transformar a Bíblia em um livro que ela nunca tencionou ser. A maneira correta de lermos a Bíblia é a *abordagem evangélica*. Isso significa que lemos cada passagem como uma contribuição para o enredo único e abrangente da Escritura, que culmina em Jesus.

Assim como você não teria a expectativa de entender todo o significado de um romance caso caísse de paraquedas na metade dele e lesse um parágrafo descontextualizado, também não pode esperar entender tudo que uma passagem da Escritura significa sem a situar no quadro maior da narrativa bíblica. A principal história da Bíblia é que Deus enviou seu

Filho, Jesus, para fazer o que Adão, Israel e nós mesmos não conseguimos fazer — honrar a Deus e obedecer-lhe plenamente. Toda palavra na Bíblia contribui para essa mensagem. O próprio Jesus disse isso. Num debate teológico com a elite religiosa da época, Jesus disse àqueles que afirmavam ser fiéis a Moisés e se opunham a Cristo: "Se, de fato, crêsseis em Moisés, também creríeis em mim; porquanto *ele escreveu a meu respeito*" (Jo 5.46). Jesus disse a seus discípulos: "Importava se cumprisse tudo o que *de mim* está escrito na Lei de Moisés, nos Profetas e nos Salmos [maneira sucinta de se referir a todo o Antigo Testamento]" (Lc 24.44).

A Bíblia são boas-novas. Ela tem de ser lida como Evangelho. O resultado dessa abordagem é uma leitura transformadora. Nós crescemos. Como Lutero disse:

> Aquele que quer ler as Escrituras de maneira correta e proveitosa deve cuidar para achar Cristo nelas. Dessa forma, sem dúvidas, ele achará a vida eterna. Por outro lado, se não estudo e não entendo Moisés e os Profetas de modo a descobrir que Cristo veio do céu para minha salvação, tornou-se homem, sofreu, morreu, foi sepultado, ressuscitou e ascendeu ao céu, para que, por meio dele, eu desfrute a reconciliação com Deus, o perdão de todos os meus pecados, a graça, a justiça e a vida eterna, então minha leitura da Escritura não tem proveito algum para minha salvação.
>
> Posso, sem dúvida, tornar-me um homem erudito por ler e estudar a Escritura e pregar o que tenho obtido; mas nada disso me faria bem algum.[2]

---

2 Martin Luther, *Sermons I*, em *Luther's works*, ed. Jaroslav Pelikan e Helmut T. Lehmann, 55 vols. (Philadelphia: Fortress, 1955–1986), 51:4.

O hábito definidor

Portanto, à medida que, para crescer em Cristo, você busca se tornar um humano mais profundo, aceite e adote a verdade de que terá de se aprofundar na Escritura para aprofundar-se em seu relacionamento com Cristo. Ler a Escritura é ler a respeito de Cristo. Ler a Escritura é ouvir a voz de Cristo. Ouvir a voz de consolo e conselho de Cristo é ouvir um convite para se tornar o ser humano que Deus o destinou a ser.

Portanto, introduza a leitura da Bíblia em sua vida da mesma forma que você introduz o café da manhã em sua vida. Afinal de contas, nós, humanos, somos criaturas que formam hábitos. Nosso café da manhã, nossa sobremesa da hora do jantar, a maneira como cuidamos de nossos carros, nossos métodos de descontração, como caminhar, assistir a filmes e observar os pássaros — todos os nossos hábitos refletem um gosto adquirido durante um longo tempo, resultando em rituais diários sem os quais não sentimos ter vivido um dia normal. E quero dizer: *faça da Bíblia seu principal ritual do dia*. Torne-a um hábito sem o qual você não vive um dia normal. Não permita, de modo algum, que isso se torne uma lei que o condene. O favor de Deus não muda nem um pouco se você deixar de ler a Bíblia por alguns dias. Contudo, considere-se desnutrido quando tornar-se normal que você perca essa refeição espiritual. Lute para se manter saudável. Por meio da leitura diária da Bíblia, mantenha-se conectado à alimentação, à ajuda, ao conselho e à promessa do Evangelho. Obtenha vida e força das Escrituras.

Retornando à nossa metáfora original, pegue sua alma asmática em uma mão e o tanque de oxigênio da Bíblia na outra; em seguida, junte-as. Ler a Bíblia é inspirar.

Expirar

Orar é expirar. Inspire, expire. Inalamos as vivificadoras palavras de Deus e as expiramos de volta para Deus em oração.

A razão pela qual quis incluir a Escritura e a oração em um único capítulo neste livro sobre o crescimento em Cristo é ressaltar quão inter-relacionadas e mutuamente dependentes são. Podemos facilmente pensar nessas duas disciplinas como atividades independentes. Lemos a Bíblia e oramos. Entretanto, a maneira mais eficiente de orar é tomar sua Bíblia e lê-la em oração,[3] enquanto a melhor maneira de ler a Bíblia é em oração.

Como a oração se encaixa neste livro? Este é um livro sobre o crescimento em Cristo, e meu tema ressoante consiste em que a vida cristã é, em essência, uma questão não de fazer mais ou de se comportar melhor, mas de se aprofundar. A primeira ênfase que tenho dado é que crescemos especificamente ao nos aprofundarmos no Evangelho, no amor de Cristo e em nossa união com ele. Ao pensarmos agora sobre a oração, isto é o que estamos fazendo: refletindo sobre a maneira como nossa alma tem de ir a Deus em Cristo, para desejá-lo, anelar por ele, recebê-lo, viver nele e agradecer-lhe por seu amor infinito. O Evangelho chega até nós por meio das Escrituras, e na oração nós o recebemos e o desfrutamos.

---

[3] Um guia realmente útil para essa finalidade é Donald S. Whitney, *Praying the Bible* (Wheaton, IL: Crossway, 2015).

Em outras palavras, conectar a oração com a leitura da Bíblia é simplesmente reconhecer que Deus é uma pessoa real com quem os crentes têm um relacionamento genuíno, a cada instante. A Bíblia é Deus falando conosco. A oração consiste em falarmos com Deus. Se não oramos, não cremos que Deus é uma pessoa real. Podemos até dizer que cremos, mas não cremos de fato. Se não oramos, pensamos realmente que ele é algum tipo de força impessoal, um tipo de ideal platônico, distante e separado, poderoso e abstrato. Não o vemos como um *Pai*.

Filhos conversando com o Pai

Nunca tive de falar a meus filhos que tentassem começar a falar. Tão naturalmente quanto começaram a respirar assim que nasceram, começaram a tentar falar quando tinham apenas alguns meses de idade. O impulso de falar estava embutido neles.

De modo semelhante, os filhos de Deus encontram dentro de si o impulso para falar com seu Pai celestial. Romanos e Gálatas nos falam do desejo balbuciante de falar com nosso Pai que surge quando somos habitados pelo Espírito — clamamos: "Aba, Pai" (Rm 8.15; Gl 4.6). Esse é um clamor de intimidade, de dependência, o clamor de um filho. Com frequência, não sabemos o que ou como orar. Jesus nos deu a Oração do Pai-Nosso como um meio de nos ajudar. Porém, outra ajuda é o Espírito simplesmente balbuciar em nosso espírito, ligado a uma mente cheia da Escritura, elevando-nos ao céu com os gorgolejos de um infante. Jesus nos disse o que orar; mas, quando não sabemos o que orar, "o mesmo Espírito intercede por nós sobremaneira, com gemidos inexprimíveis" (Rm 8.26). Fomos unidos a Cristo pelo Espírito; portanto,

Deus vive em nós. Quando não podemos orar, em certo sentido, *Deus ora por nós*: "o *mesmo* Espírito intercede por nós".

Assim, passamos o dia em oração. A Bíblia diz: "Orai sem cessar" (1Ts 5.17). Isso talvez pareça impossível. Como vou comer, dormir e conversar com meus amigos se devo orar o tempo todo? Esse, porém, não é o ensino do texto. O ensino é que avançamos pela vida orando, em vez de *apenas* separarmos alguns minutos de manhã ou à tarde para a oração. Certamente, tempos planejados de oração focalizada são indispensáveis. Mas, se isso é tudo que fazemos — se, durante todo o dia, nossa única oração são alguns minutos reservados em que oramos por uma lista de assuntos —, não conhecemos Deus como Pai. Ainda não absorvemos as verdades sobre as quais refletimos anteriormente neste livro, ou seja, quem Jesus é mais profundamente, nossa união vital com ele e assim por diante.[4]

O que você diria a uma filha de 10 anos que nunca falou com seu pai, nunca lhe pediu nada, nunca lhe agradeceu, nunca expressou amor a ele, apesar de suas muitas expressões de amor por ela? Você concluiria que essa filha acreditava em seu pai apenas em tese, mas não em realidade. Você poderia apenas concluir que o amor de seu pai não era *real* para ela.

Passe seu dia orando. Permita que Deus seja seu Pai a cada momento. Ouça a voz dele na Escritura pela manhã e transforme essa Escritura em oração. Em seguida, permita que esse tempo com ele — essa comunhão de ouvir e falar — conceda a você um dia todo de comunhão com Deus.

---

4 O melhor livro que conheço sobre oração e que enfatiza esse ensino de passar o dia em oração em plena consciência de nossa posição como filhos adotados é Paul E. Miller, *A praying life: connecting with God in a distracting world*, ed. rev. (Colorado Springs: NavPress, 2017).

O livro de oração da Bíblia

Enquanto refletimos sobre oração, precisamos fazer uma pausa e refletir sobre o único livro da Bíblia que é uma série de orações: o livro de Salmos. Digo frequentemente que a Bíblia é Deus falando conosco. Os Salmos, porém, são o único livro da Bíblia dirigido a Deus. Ali, Deus nos toma pela mão e nos dá palavras para lhe respondermos. Os Salmos são orações.

Por isso, eu lhe proponho que, à medida que for crescendo em Cristo, forme o hábito vital de fazer do livro de Salmos seu companheiro vitalício. Seja um amigo íntimo dos Salmos. Nunca fique muito tempo sem fazer deles sua própria oração. Eles dão voz, voz sagrada, a cada circunstância, a cada emoção, a cada aflição por que passamos no deserto deste mundo caído. Mais exatamente, os Salmos treinam nosso coração na direção evangélica. Conduzem-nos às grandes, gloriosas e básicas verdades que amamos e confessamos — mais centralmente, à cruz de Jesus, que nos perdoa e é nosso padrão para a vida. João Calvino escreveu:

> Além do mais, ainda que os Salmos estejam repletos de todo gênero de preceitos que servem para estruturar nossa vida a fim de que a mesma seja saturada de santidade, de piedade e de justiça, todavia eles principalmente nos ensinarão e nos exercitarão para podermos levar a cruz; e levar a cruz é uma genuína prova de nossa obediência, visto que, ao fazermos isso, renunciamos a liderança de nossas próprias afeições e nos submetemos inteiramente a Deus, permitindo-lhe nos governar e dispor de nossa vida segundo os ditames de sua vontade, de modo que as aflições que são as mais amargas e mais severas à nossa natureza se nos tornem

suaves, porquanto procedem dele. Numa palavra, aqui não só encontraremos enaltecimento à bondade de Deus, a qual tem por meta ensinar aos homens a descansarem nele só e a buscarem toda a sua felicidade exclusivamente nele; cuja meta é ensinar aos verdadeiros crentes a confiadamente buscarem nele, de todo o seu coração, auxílio em todas as suas necessidades. Mas também descobriremos que a graciosa remissão dos pecados, a qual é o único meio de reconciliação entre Deus e nós, e a qual restaura nossa paz com ele, é tão demonstrada e manifesta, como se aqui nada mais faltasse em relação ao conhecimento da eterna salvação.[5]

Ao ler os Salmos com calma e de forma meditativa, permitindo que deem voz às aflições de seu próprio coração, você se verá pensando: "Esses poetas me conhecem". De fato, eles me conhecem melhor do que conheço a mim mesmo. Veem meu pecado mais claramente do que eu o vejo. Em resumo, eles me levam para águas mais profundas, de maneira que fomentam meu crescimento em Cristo.

Inspire, expire

Em maio de 2020, o Wall Street Journal veiculou um artigo escrito por James Nestor intitulado "O poder de cura da respiração correta". A descrição, logo abaixo do título, era a seguinte: "A forma como inspiramos ou expiramos tem efeito profundo em nossa saúde".[6] Isso é tudo que quero dizer neste capítulo, espiritualmente falando.

---

[5] João Calvino, *Salmos – vol. 1*. Série Comentários Bíblicos (São José dos Campos: Editora Fiel, 2009), p. 29.
[6] James Nestor, "The healing power of proper breathing", *Wall Street Journal* (website), 21 de maio de 2020, https://www.wsj.com/articles/the-healing-power-of-proper-breathing-11590098696.

Você não tentaria passar a vida segurando sua respiração. Por isso, não viva sem a leitura da Bíblia ou sem oração. Deixe sua alma respirar. Oxigene-se com a Bíblia e expire o CO^2 da oração, respondendo a Deus com sua admiração, sua preocupação, sua espera. Ele não é uma força, um ideal ou uma máquina. Deus é uma pessoa. Mantenha aberto o canal entre sua pequena vida e o próprio céu, por meio da Bíblia e da oração.

Assim, você crescerá. Você não conseguirá perceber isso diariamente, mas chegará ao fim de sua vida como uma pessoa radiante e firme e terá deixado um rastro de aroma do céu. Terá abençoado o mundo. Sua vida terá sido importante.

Capítulo 9
Sobrenaturalizado

Em seu livro *The tapestry*, Edith Schaeffer relata uma conversa suscitada por uma questão que lhe foi dirigida por seu marido, Francis:

> "Edith, gostaria de saber o que aconteceria à maior parte das igrejas e da obra cristã se acordássemos amanhã e tudo que diz respeito à realidade e à obra do Espírito Santo e tudo que concerne à oração fossem removidos da Bíblia. Não quero dizer apenas "ignorados", mas, de fato, "excluídos", isto é, que desaparecessem. Gostaria de saber quanta diferença isso faria."
>
> Concluímos que isso não faria grande diferença em reuniões de muitas diretorias ou comitês, bem como em muitas decisões e atividades.[1]

A tendência natural de todo o nosso ministério e de nosso viver cristão é proceder a partir de nossos próprios recursos e pedir a Deus que acrescente sua bênção aos nossos esforços. É assim que todos nós, embora sejamos crentes que nasceram de novo, tendemos a agir, mesmo sem que o notemos. Isso,

---

1 Edith Schaeffer, *The tapestry: the life and times of Francis and Edith Schaeffer* (Waco, TX: Word, 1981), p. 356.

porém, é retroceder. Quando você tem um motor de Lamborghini sob o capô, é estranho tentar fazer seu carro andar como o de Fred Flintstone, usando a força de suas próprias pernas no solo. Toda doutrina correta desprovida de fogo e vida apenas nos tornará mais abertos ao julgamento no dia final. Fogo e vida, energia e poder, o próprio vislumbre do céu que todos anelamos ser — tudo isso sucede apenas a uma vida sinceramente rendida ao Espírito e a seus caminhos tranquilos, graciosos, humildes e arriscados.

O capítulo final reflete sobre a única maneira de fazer os oito capítulos anteriores funcionarem em sua vida: caminhar em harmonia com o Espírito que habita em nós. O Pai ordena a salvação, o Filho a realiza, o Espírito a aplica. Em outras palavras, não há vida cristã sem o Espírito. A vida cristã é puramente teórica somente se não houver nenhuma operação do Espírito. Tudo que *vivenciamos* de Deus é operação do Espírito. Isso é verdadeiro na conversão, quando o Espírito abre nossos olhos para nosso pecado e para a oferta salvadora de Cristo, e também é verdadeiro quanto ao nosso crescimento.

O principal ponto que quero enfatizar neste capítulo é: por causa do Espírito, *você pode crescer*. Você pode realmente crescer. Os sentimentos de futilidade, aquele senso de impossibilidade, aquela estagnação permanente num estado de constante resignação — nada disso é do céu, mas do inferno. Satanás ama sua indolente aquiescência a seu pecado. O desejo do próprio Senhor Jesus Cristo para você é seu crescimento incessante. Ele entende com mais profundidade do que você a psicologia do coração que nutre o pecado do qual, aparentemente, você não consegue se livrar de uma vez por todas. Jesus é bem-preparado e totalmente capacitado para removê-lo dessa escuridão, pois ele lhe deu sua dádiva mais preciosa: seu próprio Espírito Santo. Tudo que eu disse até aqui neste livro, permaneceria totalmente abstrato sem o Espírito. Tudo soaria como uma teoria excelente, mas não seria nada mais que isso. O Espírito dá vida, transformando a doutrina em poder.

O Espírito Santo é a forma como Deus entra em você. Se você é um cristão, agora é habitado permanentemente pelo Espírito; e, se você é permanentemente habitado pelo Espírito, foi *sobrenaturalizado*. Não é mais apenas você. Você não está sozinho. Há uma companhia que vive em você, e ela está lá para ficar, provendo tudo de que você precisa para crescer em Cristo.

Se você escolher permanecer em seus pecados, não poderá comparecer diante de Deus um dia e dizer-lhe que ele não o supriu com todos os recursos necessários.

A nova era

Para entendermos o que o Espírito Santo faz e a forma como nos capacita a crescer, temos de entender, em primeiro lugar, em que ponto nos encontramos na história da raça humana.

Quando Jesus se manifestou, ele disse: "O tempo está cumprido" (Mc 1.15). Paulo disse que "os fins dos séculos têm chegado" (1Co 10.11). Pedro escreveu que, com a vinda de Jesus, estamos "no fim dos tempos" (1Pe 1.20). João disse: "Já é a última hora" (1Jo 2.18). Parece que todos os apóstolos entenderam que algo momentoso havia acontecido no cenário da história do mundo. O que eles queriam dizer?

É natural pensarmos que toda a história humana é uma narrativa relativamente consistente que, um dia, será levada ao ápice decisivo, no momento em que Jesus retornar. Porém, de acordo com a Bíblia, o ponto de inflexão mais decisivo na história já aconteceu. Quando Jesus veio e, em especial, quando morreu e ressuscitou, Deus não estava simplesmente provendo salvação; também estava dando início a uma nova criação. O fim da história — quando o Éden 2.0 invadiria este mundo miserável — foi iniciado no meio da história. Isso não parece um exagero? Pense da seguinte maneira: o que o Antigo Testamento esperava que acontecesse no fim do mundo?

1. A desastrosa queda no pecado realizada por Adão no Éden seria desfeita.
2. Deus faria uma nova criação.
3. O pecado e o mal seriam julgados.
4. Deus triunfaria, uma vez mais e para sempre, sobre seus inimigos.
5. O povo de Deus seria vindicado.
6. As nações do mundo fluiriam para Jerusalém.
7. O Messias viria.
8. O reino dos últimos dias seria iniciado.
9. Os mortos seriam ressuscitados.

Quando chegamos ao Novo Testamento, não vemos os apóstolos se unindo à esperança do Antigo Testamento quanto a esses eventos finais. Antes, nós os vemos declarando que *cada uma dessas esperanças se cumpriu.*

1. Um segundo Adão de fato triunfou da mesma forma que o primeiro Adão caiu —ambos foram tentados por Satanás, mas um sucumbiu, enquanto o outro não (Lc 3.38–4.13). Além disso, não apenas no início, mas

ao longo de todo seu ministério, Jesus demonstrou ser um Adão bem-sucedido. Cristo, por exemplo, exorcizou demônios, ao passo que Adão falhou em repelir Satanás do Jardim.

2. A nova criação de Deus realmente alvoreceu (2Co 5.17; Gl 6.15).

3. O pecado foi, de uma vez por todas, julgado na crucificação de Jesus. Quando Cristo foi crucificado, experimentou o julgamento do fim dos tempos, o qual convergiu totalmente para um único homem (Rm 5.9; 1Ts 5.9).

4. Quando Jesus foi crucificado, Deus triunfou definitivamente sobre seus inimigos (Cl 2.13-15).

5. Assim como os "justificados", o povo de Deus *foi* vindicado (Rm 5.1). A declaração de "inocência" prevista para o fim de todas as coisas foi pronunciada no presente, com base em um evento ocorrido no meio da história.

6. Os gentios estão *agora* afluindo como nunca (Rm 15.8-27).

7. O Messias *desceu* ao cenário da história humana (Rm 1.3-4).

8. Como o próprio Jesus disse, o reino está aqui (Mc 1.15; cf. At 20.25; 28.31; Rm 14.17). Estamos agora *nos* últimos dias (Hb 1.2).

9. Em Cristo, os mortos *são* ressuscitados — não ainda fisicamente, mas espiritualmente, o que é a parte mais difícil. Ser cristão é ser alguém que foi ressuscitado com Cristo (Ef 2.6; Cl 3.1).

Tudo isso é glorioso. Contudo, há mais um indicador de que a nova era alvoreceu. Ao lado da vinda do Messias, trata-se do indicador mais significativo. *O Espírito seria derramado*. Geerhardus Vos demonstrou isso em um artigo original intitulado "O aspecto escatológico do conceito paulino sobre o Espírito Santo".[2] Seu argumento consistia em que, na teologia de Paulo, o Espírito Santo era *a* marca definidora de que a nova era já tivera início.

O Espírito Santo era ativo nos tempos do Antigo Testamento, mas de forma seletiva. Por exemplo, o Espírito veio sobre Bezalel e Aoliabe, a fim de capacitá-los para a construção do tabernáculo no qual Deus habitaria (Êx 31.1-6). Mas, no Novo Testamento, o Espírito vem sobre todos os membros do povo de Deus; eles *mesmos* são o tabernáculo em que Deus habita. O Espírito é um dom universal para todo o povo de Deus e é a continuação, por assim dizer, do próprio Jesus. Ele falou que sua partida era necessária para que o Espírito viesse (Jo 16.7; cf. 14.12-17). No Espírito, temos algo mais maravilhoso do que aqueles que falaram e comeram com o próprio Jesus. Essa chegada do Espírito marca o alvorecer da nova criação.

O primeiro ponto, então, que devemos esclarecer é que, se você é cristão, foi arrancado da antiga era e colocado na nova. A presença do Espírito em sua vida é a prova disso. Pecado, dor e futilidade permanecem em sua vida, porque a presença da nova era não erradica a antiga, mas a sobrepõe. Essa é a razão pela qual os teólogos falam da "sobreposição de eras". Em vez de a antiga era cessar quando a nova teve início,

---

2 Geerhardus Vos, "The eschatological aspect of the Pauline conception of the Spirit", em *Redemptive history and biblical interpretation: the shorter writings of Geerhardus Vos*, ed. Richard B. Gaffin Jr. (Phillipsburg, NJ: Presbyterian and Reformed, 1980), p. 91-125.

a nova era começou bem no meio da antiga era. Quando Jesus retornar, a antiga era terá fim. Contudo, não deixe a presença ininterrupta da antiga era cegá-lo para a maravilhosa invasão da nova, ocorrida dois mil anos atrás.

Você é uma criatura escatológica. Sem dúvida, você não será perfeito nesta vida. Não somos capazes de ficar, nem mesmo por alguns segundos, sem que nossos pensamentos e desejos sejam influenciados pela doença mental do ego. Mas, em você, o Espírito Santo é mais poderoso que qualquer pecado. Não há pecado que você não possa vencer. Agora sua cidadania é celestial. Você tem um Amigo interior que está preparado, capacitado e pronto agora mesmo para andar com você e retirá-lo de seu pecado mais sombrio. Sua carteira de identidade espiritual coloca sua residência, agora mesmo, no céu.

Três tipos de homens

Um problema que pode surgir em sua mente é que um comportamento correto pode parecer, de fato, realizável sem o Espírito. Não há abundância de seres humanos decentes que não são habitados pelo Espírito? Com certeza. Isso acontece porque todas as pessoas são criadas à imagem de Deus, de maneira que, por sua graça comum e universal, ele restringe muito da maldade que, de outra forma, se praticaria.

Mas você ainda pode perguntar: precisamos realmente do Espírito para viver uma vida moral? A resposta é que não precisamos realmente do Espírito para vivermos uma vida moral, mas precisamos realmente do Espírito para termos uma vida sobrenatural. Em outras palavras, não precisamos do Espírito para ser diferentes no aspecto exterior; precisamos do Espírito para que sejamos diferentes no interior.

Novamente: não precisamos do Espírito para obedecer a Deus; precisamos do Espírito para *nos alegrar* em obedecer a Deus. Esse é o único tipo de obediência verdadeira, visto que a *alegria* em Deus é, em si mesma, um dos mandamentos de Deus (Dt 28.47; Sl 37.4; Fp 4.4).

Portanto, podemos desconsiderar Deus ao quebrarmos todas as regras ou podemos desconsiderá-lo ao cumprirmos todas as suas regras, mas com relutância.

C. S. Lewis comunica isso de forma brilhante em seu ensaio "Três tipos de homens". Ele diz que não há apenas dois, mas três tipos de pessoas no mundo. O primeiro é formado por aqueles que vivem puramente para si mesmos e por todos os que servem a seus próprios cuidados egoístas. O segundo tipo se constitui daqueles que reconhecem que existe algum código fora de si mesmos que devem seguir — ou a consciência, ou os Dez Mandamentos, ou o que seus pais lhes ensinaram, ou qualquer outra coisa. Lewis diz que as pessoas desse segundo tipo veem essa outra reivindicação moral que se impõe sobre elas, mas sentem alguma tensão entre essa reivindicação moral externa e seus próprios desejos naturais. Como resultado, estão constantemente oscilando entre seguir seus próprios desejos e seguir esse código mais elevado. Lewis compara sabiamente essa tensão com aquela de pagar impostos — as pessoas nessa segunda categoria pagam fielmente seus impostos, mas esperam que sobre algo para gastarem consigo.

Algumas pessoas descartam todas as regras (grupo 1). Outras tentam cumprir todas as regras (grupo 2). Nenhuma dessas abordagens é o cristianismo do Novo Testamento. O terceiro tipo de pessoa age num plano completamente diferente. Lewis assim define:

A terceira classe é formada por aqueles que podem dizer, como o apóstolo Paulo, que, para eles, "o viver é Cristo". Essas pessoas se libertaram do cansativo negócio de conciliar as reivindicações rivais do ego e de Deus, pelo simples expediente de rejeitarem completamente as reivindicações do ego. A velha vontade egoísta foi mudada, recondicionada e transformada em uma coisa nova. A vontade de Cristo, em vez de limitar a vontade dessas pessoas, torna-se a delas. Todo o tempo de que elas dispõem, visto que pertencem a ele, pertence também a elas, pois elas são dele.[3]

Lewis prossegue e conclui que é uma atitude simplista ver apenas dois tipos de pessoas: os desobedientes e os obedientes; já que podemos ser "obedientes" no sentido de que seguimos determinado código, ainda que à maneira de um pagador de impostos. A essência do cristianismo autêntico não é simplesmente fazer o que Deus diz, mas desfrutá-lo. "O preço de Cristo é algo, de certa maneira, muito mais fácil do que o esforço moral; é desejá-lo."[4]

O objetivo deste livro sobre crescimento cristão é ajudar os cristãos a abandonarem o segundo tipo de pessoa que Lewis

---

[3] C. S. Lewis, "Three kinds of men", em *Present concerns* (London: Fount, 1986), p. 21. Quanto a formulações semelhantes ao que Lewis está propondo, embora nenhuma delas seja tão penetrantemente clara quanto a dele, veja Martin Luther, *Career of the reformer III*, em *Luther's works*, ed. Jaroslav Pelikan e Helmut T. Lehmann, 55 vols. (Philadelphia: Fortress, 1955-1986), 33:318; Luther, *The Christian in society I*, em *Luther's works*, 44:235-42 (cf. Luther, *Lectures on Galatians 1-4*, em *Luther's works*, 26:125); Adolf Schlatter, *The theology of the apostles*, trad. Andreas J. Köstenberger (Grand Rapids, MI: Baker, 1997), p. 102; Geerhardus Vos, "Alleged Legalism in Paul", em Gaffin, *Redemptive history and biblical interpretation*, p. 390-92; F. B. Meyer, *The directory of the devout life: meditations on the Sermon on the Mount* (New York: Revell, 1904), p. 148-51; Herman Ridderbos, *Paul: an outline of his theology* (Grand Rapids, MI: Eerdmans, 1975), p. 137-40; Søren Kierkegaard, conforme citado em Clare Carlisle, *Kierkegaard: A guide for the perplexed* (London: Continuum, 2007), p. 77-83; Martyn Lloyd-Jones, *Experiencing the new birth: studies in John 3* (Wheaton, IL: Crossway, 2015), p. 289.
[4] Lewis, "Three kinds of men", p. 22.

descreve aqui, transformando-se, cada vez mais profundamente, no terceiro tipo de pessoa. E este é o ponto: só conseguimos ir da pessoa 2 para a pessoa 3 por meio do Espírito Santo. Crescer como um discípulo de Cristo não é acrescentar Cristo à nossa vida, mas, sim, render-nos a ele *como* a nossa vida. Cristo não é uma nova prioridade que compete com outras reivindicações, como reputação, finanças ou satisfação sexual. Ele está nos pedindo que acatemos a queda livre da rendição total de nossas vidas ao seu propósito. É por isso que o Espírito Santo habita em nós. Ele está em nós para nos capacitar a fazer o que seria totalmente impossível se dependêssemos de recursos carnais — chegarmos à deliciosa e terrificante liberdade de sermos resolutamente leais a Jesus.

Talvez fazer isso lhe pareça impossível. Essa percepção, porém, é boa. De fato, fazer isso é impossível. Você nunca chegará lá se, primeiro, não tentar viver para Cristo por sua própria força e descobrir quão temeroso, cauteloso e espiritualmente incapaz você é. É nesse momento, quando você desiste de si mesmo e abandona todo esforço próprio, que seu coração é mais fértil para o poder sobrenaturalizador do Espírito Santo. Embora o Espírito habite todo crente, nós sufocamos facilmente sua obra poderosa (Ef 4.30).

Janelas fechadas não podem ser limpas, copos cheios não podem ser preenchidos, e o Espírito não entra onde tranquilamente agimos com base em nossa autodependência. No entanto, os aflitos, os vazios, os pedintes, os que não nutrem esperança em si mesmos, os cansados de pagar a Deus o imposto da obediência e de tentar viver com o que sobra — o coração deles é irresistível ao humilde Espírito Santo.

Redirecionando nosso foco

Porém, como? Como exatamente o Espírito Santo impele a mudança interior nos cristãos?

A principal resposta que o Novo Testamento dá é a seguinte: o Espírito nos muda ao tornar Cristo maravilhoso para nós. A terceira pessoa da Trindade faz sua obra ao focalizar a atenção na segunda pessoa da Trindade.

Alguns segmentos da igreja se concentram no Espírito Santo. Sentindo corretamente a negligência para com o Espírito em certas alas da igreja, eles tornam o Espírito o ponto central e predominante. "O espírito é o que vivifica" (Jo 6.63), dizem-nos. "O pendor [...] do Espírito" é "vida e paz" (Rm 8.6).

Outros setores da igreja enfatizam Cristo — "o qual nós anunciamos" (Cl 1.28), somos lembrados. "Nós pregamos a Cristo" (1Co 1.23).

Mas o verdadeiro cristianismo apostólico entende que diminuir a segunda ou a terceira pessoa da Trindade implica, necessariamente, diminuir a outra. O Espírito fixa nosso olhar em Cristo. Ambos operam em conjunto. O Espírito e Cristo crescem ou diminuem juntos. Permita-me mostrar isso brevemente em três passagens da Escritura.

Em primeiro lugar, em João 14 a 16, Jesus conforta os discípulos ao lhes ensinar que sua partida é boa para eles, para que o Espírito venha. E como Jesus descreve a obra do Espírito? O Espírito "dará testemunho de" Jesus (Jo 15.26). O Espírito "glorificará" Jesus (16.13-14). A terceira pessoa coloca a segunda em destaque. O impulso encorajador do Espírito não é um poder rude e desprovido de face na vida do cristão. O Espírito inflama nossa contemplação de Jesus Cristo.

A obra subjetiva do Espírito age em conjunto com a obra objetiva de Cristo.

Em segundo lugar, lembre-se de 1 Coríntios 2.12, passagem rapidamente mencionada no capítulo 4: "Ora, nós não temos recebido o espírito do mundo, e sim o Espírito que vem de Deus, para que conheçamos o que por Deus nos foi dado gratuitamente". Recebemos o Espírito, diz esse texto, a fim de compreendermos o que recebemos gratuitamente — a expressão "foi dado gratuitamente" é uma única palavra grega, derivada da forma verbal (*charizomai*) do substantivo "graça" (*charis*). O Espírito abre nossos olhos para que vejamos aquilo com o que fomos agraciados. Em harmonia com o contexto fortemente cristocêntrico de 1 Coríntios 2, tanto antes como depois do versículo 12, o Espírito abre nossos olhos para que vejamos aquilo com o que fomos agraciados em Cristo.

Em terceiro lugar, prosseguindo explicitamente com a metáfora de "ver" (que tenho usado neste capítulo), lembre-se do que Paulo diz em 2 Coríntios 3.18 sobre contemplarmos "a glória do Senhor" (nesse contexto, "Senhor" refere-se a Jesus). O ensino de Paulo é que a própria contemplação transforma os crentes. Observe, todavia, o que ele diz em seguida: tudo isso vem "pelo Senhor, o Espírito" (não uma fusão entre Cristo e o Espírito, mas simplesmente uma associação sobremodo íntima [cf. Rm 8.9-11]). Em resumo, o Espírito eficazmente nos leva a contemplar Cristo de uma maneira que nos transforma.

Meu interesse em considerar essas três passagens é impedi-lo de tentar andar no poder do Espírito como algum exercício separado de tudo o mais que eu disse sobre concentrar-se em Jesus Cristo. O capítulo 9 deste livro não segue uma nova direção. O Espírito Santo realiza tudo o que foi dito nos oito capítulos anteriores. Seja tão radicalmente guiado pelo Espírito que você se torne radicalmente centrado em Cristo. Cristo e o Espírito, o Filho que encarnou e o Espírito que habita — eis sua dádiva em dobro.

Não se concentre demais no próprio Espírito. Concentre-se em Cristo, pedindo ao Espírito que torne Cristo formoso. O Espírito é a causa eficaz de seu crescimento, mas Cristo é o objeto que você deve contemplar em seu crescimento. Um homem não se concentra em seu cérebro quando olha para sua esposa e reflete sobre quão linda ela é. Ele volta o foco para ela e a desfruta. Seu cérebro é o que causa eficazmente esse desfrute. Porém, o que ele poderia responder a alguém que diz que ele tem negligenciado seu cérebro por ser muito centrado em sua esposa? Ele diria: "Se não fosse meu cérebro, eu não seria capaz de desfrutar minha esposa. Louvo a Deus pelo cérebro. Mas não olho para meu cérebro; olho com meu cérebro".

Um antegosto do céu

Viva em harmonia com a pessoa do Espírito Santo. Peça ao Pai que o encha do Espírito. Olhe para Cristo, no poder do Espírito. Abra-se para o Espírito. Consagre-se aos belos caminhos do Espírito em sua vida. Reconheça e creia, nas profundezas de seu coração, que, sem o poder capacitador do Espírito, todo o seu ministério, todos os seus esforços, a evangelização e as tentativas de matar o pecado serão inúteis.

Ao fazer isso, você será um pequeno retrato vivo do próprio céu para todos ao seu redor, ainda que, sem dúvida, continue a ter inúmeros erros, pontos fracos e recaídas, como o segundo tipo de homem do qual Lewis falou. Entretanto, aqui e ali, a princípio por breves impulsos, mas, gradualmente, por longas extensões do seu dia, você aprenderá a agir com os próprios recursos sublimes de Deus. Você deixará o rastro do irresistível sabor do céu, porque levará as pessoas a provar o próprio Jesus, o Senhor cujo Espírito tomou residência em você.

Conclusão
E agora?

A conclusão categórica é que o segredo mais profundo para crescermos em Cristo é: olhe para ele. Fixe sua contemplação nele. Permaneça nele a cada instante. Fortaleça-se em seu amor. Ele é uma pessoa, não um conceito. Torne-se pessoalmente familiarizado com ele de forma cada vez mais profunda, à medida que os anos passam. Como disse o pastor escocês Andrew Bonar, em uma carta de 1875, escrita quando ele tinha 65 anos: "Cristo se torna mais precioso a cada dia. Que prazer é conhecer seu coração de amor!".[1]

A esta altura do livro, talvez pareça que seus nove capítulos lhe ofertaram uma lista de nove estratégias que devem ser implementadas ou de nove técnicas distintas que você deve guardar na mente. Isso não é tudo que eu desejo que ressoe em seu coração ao terminar este livro. Não tenho nove coisas a dizer. Tenho apenas uma: olhe para Cristo. Você crescerá em Cristo quando dirigir seu olhar para ele. Se você, em vez de fixar os olhos em Cristo, direcioná-los para seu próprio crescimento espiritual, impedirá o tão almejado crescimento.

---

1 Em Marjory Bonar, ed., *Reminiscences of Andrew A. Bonar* (London: Hodder and Stoughton, 1897), p. 224.

Em 10 de setembro de 1760, John Newton escreveu para a "Senhora Medhurst", que fazia parte de um grupo de mulheres que ele visitara em Yorkshire, a fim de oferecer-lhes conselho espiritual. Respondendo ao pedido dela e de suas amigas por ajuda para que se tornassem mais profundas em seu relacionamento com o Senhor, Newton disse:

> O melhor conselho que posso enviar ou o melhor desejo que posso ter em relação a vocês é que tenham um senso permanente e experiencial daquelas palavras do apóstolo que estão agora mesmo em minha mente: *"Olhando para Jesus"*. O dever, o privilégio, a segurança, a indizível felicidade de um crente estão todos condensados nessa única sentença [...] Olhar para Jesus é o objeto que derrete a alma em amor e gratidão.[2]

Meu alvo neste livro foi simplesmente guiá-lo a este simples, único e determinante impulso do coração: olhar para Jesus. Se você olhar para ele, tudo o mais será nota de rodapé. Tudo o mais fará sentido. Se você não olhar para Jesus, nenhuma quantidade de técnicas ou estratégias será capaz de ajudá-lo. Tudo será inútil. Descarte toda distração e olhe para Cristo. Simplifique seu coração e todas as preocupações que ele contém. Olhe para Cristo e para seu amor transbordante.

Os nove capítulos deste livro não são passos sequenciais para alcançar crescimento; são facetas distintas do diamante do crescimento. Para crescer, precisamos ver quem é o verdadeiro Jesus (cap. 1), desmoronando em seus braços e continuando a fazer isso durante toda a nossa vida (cap. 2), como pessoas

---

2 *Letters of John Newton* (Edinburgh: Banner of Truth, 2007), p. 47-48.

unidas a ele (cap. 3); absorvendo seu amor imerecido (cap. 4) e a completa absolvição legal que, baseados em sua obra consumada, recebemos (cap. 5); sendo, portanto, livres para andarmos na luz (cap. 6) e recebermos a angústia desta vida como uma manifestação da mão gentil de Deus, a qual, em vez de nos punir, nos ajuda (cap. 7); vendo o amor de Cristo ao inalarmos a Bíblia e respondendo-lhe com nosso amor a ele nas orações que exalamos (cap. 8); e experimentando de fato o amor do céu por meio do Espírito que habita em nós (cap. 9). Este é um livro que tem um único objetivo: fique atônito diante do gracioso amor de Jesus Cristo, demonstrado em sua obra passada e em sua intercessão contínua no presente. Receba seu amor indescritível pelos pecadores e sofredores. Pare de resistir. Deixe-o aproximar-se de você. Contemple-o.

Ao fazer isso, a transformação virá pela porta de trás. Se você tentar mudar simplesmente por mudar, pode apenas mudar seu comportamento. Você não é capaz de mudar seu coração. Contudo, a mudança meramente comportamental não é mudança. Pare de olhar para si mesmo — até mesmo para sua mudança ou para sua falta de mudança — e contemple Cristo. Tenha comunhão com ele. Abra seu coração. Receba da Escritura o amor e o conselho de Cristo. Veja-o na Palavra pregada e nos sacramentos de sua igreja local. Olhe pare ele. Fixe os olhos nele.

Esse foco único é a razão pela qual não quis tratar o assunto de forma exaustiva neste livro. Não disse quase nada a respeito de algumas facetas importantes de nosso crescimento espiritual — o domingo, por exemplo, ou pequenos grupos, ou o jejum, ou a igreja local, ou outros elementos importantes de um discipulado cristão saudável. Em vez disso, fiz a seguinte pergunta: o que deve acontecer mais fundamental e profundamente no coração humano para que uma pessoa tenha impulso e cresça? A mensagem deste livro é que *a* maneira como crescemos é recebendo o amor profundo de Jesus. O Evangelho da graça não apenas nos conquista, como também nos impulsiona avante. Outros livros serão necessários para suplementar este, mas são posteriores a este. Sem a convicção deste livro estabelecida, nenhum outro servirá.

Portanto, deixe que sua união e comunhão com Jesus Cristo, o amigo dos pecadores, levem-no a aprofundar-se cada vez mais nas maravilhas do Evangelho. Então, veja seu coração e, consequentemente, toda a sua vida florescerem.

Aprenda muito sobre o Senhor Jesus Cristo. Sempre que você olhar para si mesmo, olhe dez vezes para Cristo. Ele é completamente amável. Ele tem uma majestade infinita, mas também mansidão e graça — tudo para os pecadores, até mesmo para o principal deles! Viva no sorriso de Deus. Embeba-se de sua luz. Sinta seu olhar onipresente amorosamente depositado em você e descanse em seus braços onipotentes. Deixe sua alma se encher de um senso cativante da doçura, da excelência de Cristo e de tudo que há nele. Permita que o Espírito Santo preencha todo o espaço de seu coração. Assim, não haverá lugar algum para tolice, nem para o mundo, nem para Satanás, nem para a carne.[3]

---

3 Carta de 1840 de Robert Murray McCheyne, em Andrew A. Bonar, *Memoirs and remains of the Rev. Robert Murray McCheyne* (Edinburgh: Oliphant, Anderson, and Ferrier, 1892), p. 293.

FIEL MINISTÉRIO

O Ministério Fiel visa apoiar a igreja de Deus de fala portuguesa, fornecendo conteúdo bíblico, como literatura, conferências, cursos teológicos e recursos digitais.

Por meio do ministério Apoie um Pastor (MAP), a Fiel auxilia na capacitação de pastores e líderes com recursos, treinamento e acompanhamento que possibilitam o aprofundamento teológico e o desenvolvimento ministerial prático.

Acesse e encontre em nosso site nossas ações ministeriais, centenas de recursos gratuitos como vídeos de pregações e conferências, e-books, audiolivros e artigos.

Visite nosso site

www.ministeriofiel.com.br

Esta obra foi composta em AJenson Pro Regular 12 e impressa na
Promove Artes Gráficas sobre o papel Pólen Natural 70g/m², para
Editora Fiel, em Março de 2025.